Stefan Brönnle
Drache und Schlange

Es gibt heute unbedingt viele gute Gründe, das weibliche Geschlecht wieder besser sichtbar zu machen. Dies ist seit mehr als 40 Jahren auch Anliegen unseres Verlages. Ob dies durch Gendern erreicht wird, darf man jedoch hinterfragen, immerhin geht es um unsere *Mutter*sprache. Sicher ist, dass der grammatische Genus nichts über das Geschlecht (Sexus) aussagt. Deswegen halten wir uns als Verlag beim Gendern bewusst zurück. Ausführliche Begründung dazu unter www.neue-erde.de/derdiedas

Stefan Brönnle

DRACHE UND SCHLANGE

in Symbolik, Geomantie und der aktuellen Wandelzeit

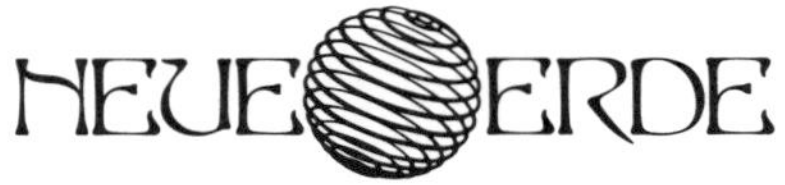

Bücher haben feste Preise.
1. Auflage 2023

Stefan Brönnle
Drache und Schlange

Umschlag:
Bilder: BikerPhoto (Schlangenhaut), tmn art (Farbspektrum), ArtoPhotoDesigno Studio (Drachenzeichnung), alle shutterstock.com
Gestaltung: Dragon Design, GB

Satz und Gestaltung:
Dragon Design, GB
Gesetzt aus der Minion

Gesamtherstellung: Appel & Klinger, Schneckenlohe
Printed in Germany

ISBN 978-3-89060-833-4

Neue Erde GmbH
Cecilienstr. 29 · 66111 Saarbrücken
Deutschland · Planet Erde
www.neue-erde.de

Inhalt

Einleitung: Der Weg in die Drachenhöhle

Ich schreibe dieses Buch Ende 2021 unter den Eindrücken der vergangenen zwei Jahre, in der sich die Gesellschaft meiner Meinung nach sowohl von der Vernunft als auch von der Natur abgewandt hat. Manche Passagen mögen daher zu einem späteren Zeitpunkt überholt sein (was ich nicht glaube) oder von Ereignissen überholt worden sein (was ich schon eher für möglich halte). In unserem Verhalten und den aufgebürdeten politischen Maßnahmen, von denen die wenigsten »medizinisch« zu nennen sind, kommt für mich auf der symbolischen Ebene viel vom Verhältnis des Menschen zur Erde und eben auch den Drachen zum Vorschein. Der Kampf gegen das Virus gleicht dem vielbeschworenen Drachenkampf.

Drachen kennen wir aus unseren Märchen und Mythen. In Büchern und Filmen wie *Der Hobbit* der Drache Smaug oder *Die Herrschaft des Feuers* werden sie bekämpft, in *Eragon* oder *Dragonheart* werden sie zu guten Freunden des Menschen. Das Gesicht des Drachens wandelt sich, so viel steht fest. Aber lohnt es sich in einer Zeit der Computerchips und digitaler Welten überhaupt über Drachen nachzudenken? Sind Drachen und riesige Urschlangen nicht einfach Rudimente der Märchen und Kinderbücher? Mythen einer Zeit, in der man sich bestimmte Naturerscheinungen nicht anders vorstellen konnte?

Ich meine, das wäre zu kurz gegriffen! Drache und Schlange sind tief mit den Menschheitsmythen verbunden und damit ein Teil des Menschseins selbst. Sie stellen in der Tat eine höhere Realität dar – aber so weit sind wir noch nicht. Ich möchte daher – zunächst – den Drachen als eine Metapher, als ein archetypisches Symbol darstellen, um genau diese enge Verbindung von Mensch und Drache, Mensch und Schlange, zu erläutern. Betrachten wir also zunächst den Drachen als ein zwar wichtiges Symbol, aber eben doch »nur« so.

Wenn Sie mir auf diesem Wege folgen können, möchte ich Sie ein wenig tiefer in die Drachenhöhle führen und das Drachensymbol in der Geomantie als eine doch real wahrnehmbare Kraft erlebbar werden lassen, um aus diesem Verständnis heraus Drache und Schlange als Schöpfungskräfte darzustellen, die sich aktuell in einem starken Wandel befinden und damit Mensch und Erde in eine neue Verbindung führen. Und damit wird die Drachenkraft zu einem Kollektivbewusstseinsfeld, das heute mehr denn je gebraucht wird. Denn mit der Erde befindet sich auch der Mensch in einer Wandelzeit.

Folgen Sie mir also nach auf meinem Weg in die Tiefen der Drachenhöhle, um dort – hoffentlich – den Drachenhort zu finden, jenen kostbaren Schatz in den Tiefen der Erde.

Drache und Schlange – was verbindet diese beiden Tiersymbole? Drache und Schlange (beide sind im griechischen Wort »drakon«« vereint) waren der Erdmutter, der »Großen Göttin«, geheiligte Tiere. In Tempeln der Göttin wurden oft große Schlangen gehalten. Neueste Funde in Anatolien weisen nun auf eine bis zu 11.000 Jahre zurückreichende Tradition der Schlangenverehrung hin. In Göbekli Tepe ausgegrabene mit Schlangenreliefen verzierte Steinpfeiler werden auf 9000 v. Chr. datiert. Die mesopoatimischen Götter Ereschkigal, ihr Sohn Ninazu, dessen Sohn Ningizzida, Tischpak, dem Nachfolger Ninazus, dem Stadtgott von Susa und schließlich Ischtaran sind alle mit der Schlangensymbolik verbunden. Wir werden im Folgenden noch viele solcher Götter kennenlernen, die eng mit dem Schlangen- und Drachenbild verwoben sind! Der Drache repräsentierte den alljährlichen Vegetationszyklus und wurde damit zum Symbol der Wiedergeburt, wie auch die Schlange, die ihre Haut wechselt. So stellte die Sage vom Drachen – aber eben auch die von der Schlange – oft die Urkraft der Erde, den Jahreszeitenzyklus dar…

Die Symbolik der Schlange

Natürlich kennen wir die »böse Schlange« aus dem Paradies, die Schlange als Bild des Bösen an sich in der christlichen Ikonografie, wenden wir uns daher zunächst nach Asien, wo bis heute in vielen Fällen eine positive Beziehung zwischen Mensch und Schlange besteht.

Nagas: Die Schlange und das Bewusstsein der Erde

Die Erde, die Materie, trägt ein Bewusstsein in sich. Dieses Bewusstsein trägt das Potential der eigenen Göttlichkeit. In Asien wird dieses Bewusstsein durch die Naga symbolisiert. Naga heißt zunächst »Schlange« (die weibliche Form ist nagini; wir erinnern uns an die Schlange dieses Namens als Begleittier von Lord Voldemort aus den Harry-Potter-Romanen). Die Nagas sind in der indischen Volksreligiosität hochverehrte chthonische (unterweltliche) Gottheiten. Auch sind sie Hüterinnen des Hauses. In Südindien zeichnen die Frauen als magischen Akt das verschlungene Muster vor die Haustür, das *kalam* genannt wird. Es dient dazu, die Naga einzuladen, um ihre glücks- und fruchtbarkeitsbringende Kraft herbeizurufen.

Die Verehrung der Naga hat sich im ganzen asiatischen Raum verbreitet: Sie werden als Schlange, als Mensch mit Schlangenkopf, als Mensch mit Schlangenschwanz oder als mehrköpfige Schlange dargestellt.

Abb. 1: Nagas als Schwellenhüter

Die Naga als Kraft der Erde und des Ortes

Nagas haben oft konkrete Orte als Wohnsitz. Shesha, einer der bekanntesten Nagas, trägt die Erde selbst (und lässt eine Verbindung zu Jörmungandr, der germanischen Midgardschlange, erahnen). So gilt der Yanzhog Yumco, der größte See Tibets, als Wohnstätte der Naga-Könige. In Thailand dagegen leben sie in den Bergen, aber auch auf dem Grund von Flüssen, Seen und Meeren bewohnen sie reich verzierte Paläste. Sie werden hier zu den Beschützern des Bewusstseins der Erde selbst, ihrer geistigen Schätze. Der mythische Berg Meru, der Weltenberg, verbindet als axis mundi, als Weltenachse, die verschiedenen Seinsebenen. In ihm hausen auch die Nagas als Beschützer; ganz ähnlich wie bei den Germanen Nidhöggr an den Wurzeln des Weltenbaums lebt. Bevor in Indien der Grundstein eines Hauses gesetzt wird, erforscht ein Geomant den Punkt, der auf dem Haupt der Naga liegt. Mit einem Pfahl wird er am Ort fixiert. Durch die Nutzung als Ort des Grundsteins ist das Haus mit der Kraft der Erde verbunden.

»Naga« kann aber auch die Bedeutung von »Berg«, »Pflanze«, oder »Baum« annehmen, denn die Naga wohnt ihnen inne.

Die Naga als Symbol des Bewusstseins

Auf der Schlange Ananta (»der Unendlichen«) ruht Vishnu in seiner Form als Narayan im kosmischen Schlaf. Der Nagakönig Mucalinda dagegen beschirmt Buddha in seiner vielwöchigen Meditation und beschützt ihn vor dem Regen. In seiner Gestalt als Pasupathinath ist Shiva Herr aller Geschöpfe. Auch er ist von Schlangen umwunden. Die Schlange Vasuki wickelt sich um seinen Nacken, aber auch Armbänder aus Schlangen schmücken Shiva. Nach der Legende verwandelten diese sich bei seiner Vermählung mit Parvati zu Körpertätowierungen. Die Schlange ist eng mit dem Schöpfergott verbunden, so wie auch im Alten Testament eine Schlange den Baum der Erkenntnis bewacht. Die Naga ist damit ein göttliches Bewusstseinssymbol, das der Materie innewohnt. Eines der stärksten Bewusstseinssymbole ist die Sonne, und so kann Naga auch in seiner Bedeutung als »Sonne« gemeint sein.

Die Naga als Schwellenhüterin

Nagas bewachen traditionell Türen und Schwellen, die Orte des Übergangs. Jeder Übergang ist ein Bewusstseinswechsel. In der indonesischen Provinz Kalimantan Tengah wird eine Nagamaske im Totenritual (*tiwah*) getragen. Während des Totentanzes wird der Sargdeckel gehoben, und an den Füßen des Verstorbenen wird ein Nagakopf sichtbar. Der Schwanz der Naga verlängert das Kopfende des Sargs. So ist die Naga ein Psychopompos, ein Seelenführer in das Reich der Ahnen. Das Bewusstsein der Erde dient als Ahnenraum, ja, ist dieser gar selbst.

Die Naga als Lebensenergie

Tod und Leben sind keine Antipoden, sie entstammen derselben Quelle. Die Naga ist so nicht nur Führerin ins Jenseits, sondern auch Bringerin der Fruchtbarkeit, ja der Lebenskraft an sich, des Prana! Der Schlangenkönig Vasuki half den Göttern das Lebenselexier Amrita herzustellen. Als Fünfköpfige Schlange symbolisiert die Naga die fünf Sinne, sowie die »Elemente« (Tattvas), wobei sie auch die *Quinta Essentia*, das fünfte Element, vertritt: Erde, Wasser, Feuer, Luft und Äther. Ihr Zischen steht für die fünf Pranas. Die fünf Köpfe werden daher auch als die Tanmatras (als Urelement) betrachtet, die fünf subtilen Elemente. »Tan« kann hierbei die Bedeutung von »Mutter« haben und »matra« die der Materie. Die fünf Kräfte sind zugleich Mutter Erde selbst. So gebiert sich das Bewusstsein aus dem Schoß der Erde, ergießt sich in die konkrete Natur – in Berge, Flüsse, Seen und Bäume – und steigt auf als Bewusstseinskraft. All dies ist Naga!

Nicht zuletzt kann Naga auch die Bedeutung von »Blei« bekommen. Sie ist damit das dichteste Element. Die Naga ist Sonne (Gold) und Erde (Blei) in einem Wesen, sie ist das Bewusstsein der Materie und die *Quinta Essentia* des »Steins der Weisen«.

Wir sehen, dass die Schlange eng mit dem Schöpfungsmythos und dem Leben auf der Erde verbunden ist. Erst aus der Abwendung der patriarchalen Religionen von der Körperlichkeit, der Sexualität und der Erde selbst, wird die Schlange, insbesondere im Christentum, zu einem Symbol des Bösen. Sie wird zu unserem Schatten im Jung'schen Sinne, der all das Verdrängte enthält und sich damit gegen uns zu wenden scheint. Und so bekämpfen männliche Götter und Heroen die Schlange und den Drachen als Symbole des Chaos, ja des Bösen: Jahwe besiegt die Urdrachenschlange Rahab, Herkules besiegt Hydra und Ladon, Thor die Midgardschlange, Re obsiegt über Apophis und Apoll tötet Python.

Die Frau und die Schlange

Wir sehen also, dass in Asien die Schlange als ein Symbol verstanden wird, das zutiefst mit der Erde, der Materie, verbunden ist, aber ebenso mit seinem Gegenpol, dem Geist. Die Schlange ist Lebens- und Schöpfungskraft.

Ich möchte hier schlicht einmal zwei Mythen gegenüberstellen:

Eine junge Frau ging einmal in den Wald. Da begegnete ihr eine Schlange. »Komm!« sagte die Schlange. Aber die junge

Frau zierte sich: »Wer will dich zum Manne haben? Du bist eine Schlange. Ich will dich nicht haben.« Da entgegnete die Schlange: »Mein Leib ist zwar der einer Schlange, aber meine Sprache ist die eines Menschen. Komm!« Da ging die junge Frau mit, heiratete den Schlangenmann und gebar ihm ein Mädchen und einen Jungen. Danach schickte die Schlange sie mit den Worten fort: »Geh! Ich werde für die Kinder sorgen und ihnen zu essen geben.«

Die Schlange ernährte die Kinder, und die beiden wurden groß. Eines Tages sprach die Schlange: »Geht Fische fangen!« Sie taten es. Da sagte die Schlange: »Kocht die Fische!« Die Geschwister aber erwiderten: »Die Sonne ist noch nicht aufgegangen.« Sie warteten bis Sonnenaufgang und darauf, dass die Sonne die Fische mit ihren Strahlen wärmte. Dann aßen sie die Fische roh und blutig.

Die Schlange sagte: »Ihr seid zwei Teufel! Ihr esst eure Nahrung roh. Vielleicht werdet ihr mich essen. Du, Knabe geh in meinen Bauch!« Der Knabe fürchtete sich und fragte: »Was soll ich machen?« Aber der Schlangenmann sagte zu ihm: »Komm!« Und da ging der Knabe in den Bauch der Schlange. Da sagte die Schlange: »Nimm das Feuer und bring es zu deiner Schwester hinaus! Komm heraus, sammle Kokosnuss, Yams, Taro und Banane!« Da ging der Knabe wieder aus dem Bauch und brachte das Feuer mit, und sie kochten ihr Essen.

Dieser Mythos stammt von den Admiralitätsinseln vor der Nordküste Neuguineas, und wir erkennen mit dem Bild des Feuers im Bauch der Schlange bereits die starke Verbindung zum Drachen.

Ein anderer – uns bekannter – Mythos liest sich so:

Und die Schlange war listiger als alle Tiere auf dem Felde, die Gott der Herr gemacht hatte, und sprach zu der Frau: Ja, sollte Gott gesagt haben: Ihr sollt nicht essen von allen Bäumen im Garten? Da sprach die Frau zu der Schlange: Wir essen von den Früchten der Bäume im Garten; aber von den Früchten des

Abb. 2: Eva und die Schlange.
Relief an der Kathedrale in Orvieto/Umbrien

Baumes mitten im Garten hat Gott gesagt: Esset nicht davon, rühret sie auch nicht an, dass ihr nicht sterbet! Da sprach die Schlange zur Frau: Ihr werdet keineswegs des Todes sterben, sondern Gott weiß: An dem Tage, da ihr davon esst, werden eure Augen aufgetan, und ihr werdet sein wie Gott und wissen, was gut und böse ist.

Und die Frau sah, dass von dem Baum gut zu essen wäre und dass er eine Lust für die Augen wäre und verlockend, weil er klug machte. Und sie nahm von seiner Frucht und aß und gab ihrem Mann, der bei ihr war, auch davon, und er aß. Da wurden ihnen beiden die Augen aufgetan, und sie wurden gewahr, dass sie nackt waren, und flochten Feigenblätter zusammen und machten sich Schurze. Und sie hörten Gott den Herrn, wie er im Garten ging, als der Tag kühl geworden war. Und Adam versteckte sich mit seiner Frau vor dem Angesicht Gottes des Herrn zwischen den Bäumen im Garten. Und Gott der Herr rief Adam und sprach zu ihm: Wo bist du? Und er sprach: Ich hörte dich im Garten und fürchtete mich; denn ich bin nackt, darum versteckte ich mich. Und er sprach: Wer hat dir gesagt, dass du nackt bist? Hast du gegessen von dem Baum, von dem ich dir gebot, du solltest nicht davon essen? Da sprach Adam: Die Frau, die du mir zugesellt hast, gab mir von dem Baum, und ich aß. Da sprach Gott der Herr zur Frau: Warum hast du das getan? Die Frau sprach: Die Schlange betrog mich, sodass ich aß (...).

Da wies ihn Gott der Herr aus dem Garten Eden, dass er die Erde bebaute, von der er genommen war. Und er trieb den Menschen hinaus und ließ lagern vor dem Garten Eden die Cherubim mit dem flammenden, blitzenden Schwert, zu bewachen den Weg zu dem Baum des Lebens.

Obwohl beide Mythen vollkommen verschiedenen Kulturen, Erdregionen und Zeiten entspringen, gleichen sie sich doch verblüffend. Legen wir alle Wertungen beiseite, so ist es die Verbindung von Frau und Schlange, die den Menschen Bewusstsein bringt. In beiden Fällen ist dies mit Ernährungsverboten bzw. -geboten verbunden. Im einen bringt die Schlange die Erkenntnis, im anderen das Feuer. In beiden wird der Mensch erst durch die mit der Schlange verbundenen Handlung zum eigentlichen Menschen.

Auch in China gibt es einen vergleichbaren Mythos, die »Legende der weißen Schlange«. Hier ist es eine weiße Schlange, die sich durch tausend Jahre Übung in den Körper einer Frau verwandelt. Sie nennt sich Suzhen. Sie heiratet einen Heiler... Im chinesischen Urmythos von Nü-Kua und Fuxi (legendären Herrschern) dagegen begegnet uns das Urpaar mit Schlangenschwänzen.

Im Palast von Knossos auf Kreta wurden Frauenstatuetten mit offenem Mieder und Schlangen in beiden Händen gefunden, bei den Kanaanäern wurde die Muttergöttin Ashera verehrt. Auch sie wurde mit Schlangen dargestellt. Sie bildet die Brücke zur Muttergottes Maria, die auf der Schlange thront. So ist auch Eva die Mutter, denn ihr Name leitet sich von »hawwa« ab, der »Mutter allen Lebens«. Hawwa war auch das semitische Wort für Schlange. So sind die Mutter und die Schlange eins. Im griechischen Mythos vereint sich Gaia mit Uranos (dem Himmel). Sie gebiert unter anderen die Erinnyen, die Schlangen auf dem Kopf tragen, und später gebiert Gaia Typhon, eine riesige Schlange. Die Gebieterin der Erinnyen ist Hekate, die nach Hesiod über Himmel, Erde und Unterwelt – also die drei Welten des

Schamanismus (obere, mittlere und untere Welt) – herrscht. Auch sie wird in Schlangengestalt dargestellt.

Im Sabazioskult (einer dem Dionysoskult nahestehenden Version) ließen sich Frauen eine Schlange über ihre Vulva ziehen. Die Schlange galt hier als die schöpferische Naturkraft selbst. Von Alexander dem Großen herrschte schon zu seinen Lebzeiten der Mythos, er sei das Kind einer menschlichen Mutter und eines Schlangenvaters.

Die Schlange ist rund um den Erdball die große Bewusstseinsbringerin. Als Gesandte der Großen Göttin oder als Göttin selbst trägt sie zur Menschwerdung bei. Als Partnerin dient ihr dabei die Frau, die Urmutter. Diese empfängt die Lebenskraft der Schlange, der Herrin über die drei Welten…

Der Vogel und die Schlange

Die starke chthonische Erdbezogenheit der Schlange wird vor allem durch ein gegenpolares Symbol, dem Vogel, offenbar.

Vogel und Schlange sind zwei in unzähligen Mythen und symbolischen Darstellungen auftauchende Antipoden. So gehört der Kampf eines Adlers mit einer Schlange zum Staatswappen Mexikos. Der Legende nach führte der Gott *Huitzilopochtli* die Azteken in Gestalt eines Adlers zu einem neuen Siedlungsort. Dort, wo die Hauptstadt des neuen Reiches – *Tenochtitlan* – liegen sollte, tötete der Adler eine Schlange und fraß diese auf einem Feigenkaktus. Der indigene Mythos ist bis heute u. a. auf den Münzen Mexikos verewigt.

Abb. 3: Der Vogel und die Schlange: Prägung des mexikanischen Centavo

Die beiden polaren Kräfte befinden sich im allgegenwärtigen Austausch. Der Vogel – meist ein Adler – steht für die geistige oder kosmische (»uranische«) Ebene, die Schlange dagegen für die irdisch-chthonische und damit auch die Lebenskraft selbst. Das schamanische Urprinzip der polaren Kräfte ist so grundlegend, dass der Mythos weltweit auftritt, verschieden ist nur, welches der beiden Tiere zum Vorbild genommen wird: Der legendäre Gründer des Taijiquan *Zhang Sanfeng* soll ein daoistischer Mönch gewesen sein. Einst beobachtete er den Kampf eines Vogels mit einer Schlange. Wann immer der Vogel mit seinem Schnabel zustieß, gab die Schlange weich nach, so konnte er die Schlange nicht verletzen. Hier wurde die Schlange zum Vorbild für die Kampfkunst des Taijiquan, der erdzugewandten Philosophie des Daoismus entsprechend.

In der Edda stehen sich die Schlange (Drache) Nidhöggr (der Neidwurm) an den Wurzeln und der Adler, der im Wipfel am Weltenbaum Yggdrasil sitzt, gegenüber. Das Kosmische und das Chthonische gehört an der Weltenachse zusammen.

In der indischen Mythologie verschmelzen beide als Shesha und Garuda zur »Schlange Endlos«, einem vogelartigen Mischwesen. Im Alten Ägypten wird der Geier Oberägyptens und die Kobra Unterägyptens in der Herrschersymbolik vereint: der Pharao als Herr beider Welten – Ober- und Unterägyptens, aber auch Kosmos und Erde! Der Gott Hermes trug die Vogelflügel an Helm und Sandalen, die Schlangen an seinem Stab. Verbunden mit Kosmos und Erde wird er zum Seelenführer, der die Seele durch die Reiche leitet, die Psychopompos-Arbeit eines Schamanen. Als Hermes Trismegistos wird er zum Sinnbild der Magie: Wer Vogel und Schlange in sich vereint, wird zum Herrn über Geist und Materie. Im geflügelten, schlangenumwundenen

Abb. 4a: Hermes Trismegistos

Abb. 4b: Caduceus

Hermesstab (*Caduceus*) wird diese Magie zum ganzheitlichen Symbol der magischen Kraft, die der Mensch in sich trägt: Schlange, Vogelflügel und Weltenachse. Es gehört zur Pervertierung menschlicher Gier, dass ausgerechnet dieses Symbol heute für »freien Handel« steht und damit ein Grundsymbol des Kapitalismus wurde.

Erst im Christentum wird aus dem Adler »gut« und aus der Schlange »böse«. Grundlegender ist das Umringen der beiden polaren Kräfte in unserem Leben. In schamanischen Reisen und Trancen wird dieser grundlegende »Tanz« erlebbar. *Jeremy Narby* hielt die in der Ayahuasca-Erfahrung erlebte Leiter und Schlange, die »kosmische Schlange«, für eine mythische Spiegelung unserer DNS: Geist und Materie in unserer Grundstruktur.

Das Märchen »Die Weiße Schlange«

Märchen sind Mythen mit einer tiefen Symbolik. Sie greifen zurück auf kulturelle seelische Erfahrungsschätze. Viele dieser Seelenerfahrungen reichen dabei weit in die grundlegende Beziehung von Erde und Mensch hinein. In meinem Buch Märchen – Mythologische Brücke zu einem neuen Erdbewusstsein habe ich den mythologischen Wurzeln der Grimm`schen Märchen nachgespürt. Das Märchen Die Weiße Schlange fasst dabei die Symbolik und Kraft der Schlange sehr gut zusammen. Letztlich ist es die Kraft der Schlange, die Mensch und Erde wieder verbindet.

Die weiße Schlange

Es ist nun schon lange her, da lebte ein König, dessen Weisheit im ganzen Lande berühmt war. Nichts blieb ihm unbekannt, und es war, als ob ihm Nachricht von den verborgensten Dingen durch die Luft zugetragen würde. Er hatte aber eine seltsame Sitte. Jeden Mittag, wenn von der Tafel alles abgetragen und niemand mehr zugegen war, musste ein vertrauter Diener noch eine Schüssel bringen. Sie war aber zugedeckt, und der Diener wusste selbst nicht, was darinlag, und kein Mensch wusste es, denn der König deckte sie nicht eher auf und aß nicht davon, bis er ganz allein war. Das hatte schon lange Zeit gedauert, da überkam eines Tages den Diener, der die Schüssel wieder wegtrug, die Neugierde, dass er nicht widerstehen konnte, sondern die Schüssel in seine Kammer brachte. Als er die Tür sorgfältig verschlossen hatte, hob er den Deckel auf und da sah er, dass eine weiße Schlange darin lag. Bei ihrem Anblick konnte er die Lust nicht zurückhalten, sie zu kosten; er schnitt ein Stückchen davon ab und steckte es in den Mund. Kaum aber hatte es seine Zunge berührt, so hörte er vor seinem Fenster ein seltsames Gewisper von feinen Stimmen. Er ging und horchte, da merkte er, dass es die Sperlinge waren, die miteinander sprachen und sich allerlei erzählten, was sie im Felde und Walde gesehen hatten. Der Genuss der Schlange hatte ihm die Fähigkeit verliehen, die Sprache der Tiere zu verstehen.

Nun trug es sich zu, dass gerade an diesem Tage der Königin ihr schönster Ring fortkam und auf den vertrauten Diener, der überall Zugang hatte, der Verdacht fiel, er habe ihn gestohlen. Der König ließ ihn vor sich kommen und drohte ihm unter heftigen Scheltworten, wenn er bis morgen den Täter nicht zu nennen wüsste, so sollte er dafür angesehen und gerichtet werden. Es half nichts, dass er seine Unschuld beteuerte, er ward mit keinem besseren Bescheid entlassen. In seiner Unruhe und Angst ging er hinab auf den Hof und bedachte, wie er sich aus seiner Not helfen könne. Da saßen die Enten an einem fließenden Wasser friedlich nebeneinander und ruhten, sie putzten sich mit ihren Schnäbeln glatt und hielten ein vertrauliches Gespräch. Der Diener blieb stehen und hörte ihnen zu. Sie erzählten sich, wo sie heute morgen all herumgewackelt wären und was für gutes Futter sie gefunden hätten. Da sagte eine verdrießlich: »Mir liegt etwas schwer im Magen, ich habe einen Ring, der unter der Königin Fenster lag, in der Hast mit hinuntergeschluckt.« Da packte sie der Diener gleich beim Kragen, trug sie in die Küche und sprach zum Koch: »Schlachte doch diese ab, sie ist wohlgenährt.« – »Ja«, sagte der Koch und wog sie in der Hand, »die hat keine Mühe gescheut sich zu mästen und schon lange darauf gewartet, gebraten zu werden.« Er schnitt ihr den Hals ab, und als sie ausgenommen ward, fand sich der Ring der Königin in ihrem Magen. Der Diener konnte nun leicht vor dem König seine Unschuld beweisen, und da dieser sein Unrecht wieder gutmachen wollte, erlaubte er ihm, sich eine Gnade auszubitten und versprach ihm die größte Ehrenstelle, die er sich an seinem Hofe wünschte.

Der Diener schlug alles aus und bat nur um ein Pferd und Reisegeld. Denn er hatte Lust, die Welt zu sehen und eine Weile darin umherzuziehen. Als seine Bitte erfüllt war, machte er sich auf den Weg und kam eines Tages an einem Teich vorbei, wo er drei Fische bemerkte, die sich im Rohr gefangen hatten und nach Wasser schnappten. Obgleich man sagt, die Fische wären stumm, so vernahm er doch ihre Klage, dass sie so elend umkommen müssten. Weil er ein mitleidiges Herz hatte, so stieg er vom Pferd ab und setzte die drei Gefangenen wieder ins Wasser. Sie zappelten vor Freude, steckten die Köpfe heraus und riefen ihm zu: »Wir wollen dir's gedenken und dir's vergelten, daß du uns errettet hast!« Er ritt weiter, und nach einem Weilchen kam es ihm vor, als hörte er zu seinen Füßen in dem Sand eine Stimme. Er horchte und vernahm, wie ein Ameisenkönig klagte: »Wenn uns nur die Menschen mit den ungeschickten Tieren vom Leib blieben! Da tritt mir das dumme Pferd mit seinen schweren Hufen meine Leute ohne Barmherzigkeit nieder!« Er lenkte auf einen Seitenweg ein, und der Ameisenkönig rief ihm zu: »Wir wollen dir's gedenken und dir's vergelten!« Der Weg führte ihn in einen Wald, und da sah er einen Rabenvater und eine Rabenmutter, die standen bei ihrem Nest und warfen ihre Jungen hinaus. »Fort mit euch, ihr Galgenschwengel!« riefen sie, »wir können euch nicht mehr satt machen, ihr seid groß genug und könnt euch selbst ernähren.« Die armen Jungen lagen auf der Erde, flatterten und schlugen mit ihren Fittichen und schrien: »Wir hilflosen Kinder, wir sollen uns selbst ernähren und können noch nicht fliegen! Was bleibt uns übrig, als hier Hungers zu sterben!« Da stieg der gute Jüngling ab, tötete das

Pferd mit seinem Degen und überließ es den jungen Raben zum Futter. Die kamen herbeigehüpft, sättigten sich und riefen: »Wir wollen dir's gedenken und dir's vergelten!«

Er musste jetzt seine Beine gebrauchen, und als er lange Wege gegangen war, kam er in eine große Stadt. Da war großer Lärm und Gedränge in den Straßen und kam einer zu Pferde und machte bekannt: Die Königstochter suche einen Gemahl, wer sich aber um sie bewerben wolle, der müsse eine schwere Aufgabe vollbringen, und könne er es nicht glücklich ausführen, so habe er sein Leben verwirkt. Viele hatten es schon versucht, aber vergeblich ihr Leben darangesetzt. Der Jüngling, als er die Königstochter sah, ward von ihrer großen Schönheit so verblendet, dass er alle Gefahr vergaß, vor den König trat und sich als Freier meldete.

Alsbald ward er hinaus ans Meer geführt und vor seinen Augen ein goldener Ring hineingeworfen. Dann hieß ihn der König diesen Ring aus dem Meeresgrund wieder hervorzuholen, und fügte hinzu: »Wenn du ohne ihn wieder in die Höhe kommst, so wirst du immer aufs neue hinabgestürzt, bis du in den Wellen umkommst.« Alle bedauerten den schönen Jüngling und ließen ihn dann einsam am Meer zurück. Er stand am Ufer und überlegte, was er wohl tun sollte. Da sah er auf einmal drei Fische daherschwimmen, und es waren keine andern als jene, welchen er das Leben gerettet hatte. Der mittelste hielt eine Muschel im Munde, die er an den Strand zu den Füßen des Jünglings hinlegte, und als dieser sie aufhob und öffnete, so lag der Goldring darin. Voll Freude brachte er ihn dem König und erwartete, dass er ihm den verheißenen Lohn gewähren würde. Die stolze Königstochter aber, als sie vernahm, dass er ihr nicht ebenbürtig war, verschmähte ihn und verlangte, er sollte zuvor eine zweite Aufgabe lösen. Sie ging hinab in den Garten und streute selbst zehn Säcke voll Hirse ins Gras. »Die muß er morgen, eh die Sonne hervorkommt, aufgelesen haben«, sprach sie, »und es darf kein Körnchen fehlen.« Der Jüngling setzte sich in den Garten und dachte nach, wie es möglich wäre, die Aufgabe zu lösen; aber er konnte nichts ersinnen, saß da ganz traurig und erwartete, bei Anbruch des Morgens zum Tode geführt zu werden. Als aber die ersten Sonnenstrahlen in den Garten fielen, so sah er die zehn Säcke alle wohlgefüllt nebeneinanderstehen, und kein Körnchen fehlte darin. Der Ameisenkönig war mit seinen tausend und tausend Ameisen in der Nacht angekommen, und die dankbaren Tiere hatten die Hirse mit großer Emsigkeit gelesen und in die Säcke gesammelt. Die Königstochter kam selbst in den Garten hinab und sah mit Verwunderung, dass der Jüngling vollbracht hatte, was ihm aufgegeben war. Aber sie konnte ihr stolzes Herz noch nicht bezwingen und sprach: »Hat er auch die beiden Aufgaben gelöst, so soll er doch nicht eher mein Gemahl werden, bis er mir einen Apfel vom Baume des Lebens gebracht hat.« Der Jüngling wusste nicht, wo der Baum des Lebens stand. Er machte sich auf und wollte immerzu gehen, solange ihn seine Beine trügen, aber er hatte keine Hoffnung, ihn zu finden. Als er schon durch drei Königreiche gewandert war und abends in einen Wald kam, setzte er sich unter einen Baum und wollte schlafen. Da hörte er in den Ästen ein Geräusch und ein goldener Apfel fiel in seine Hand. Zugleich flogen drei Raben zu ihm herab, setzten sich auf seine Knie und sagten: »Wir sind die drei jungen Raben, die du vom Hungertod errettet hast. Als wir groß geworden waren und hörten, dass du den goldenen Apfel suchtest, so sind wir über das Meer geflogen bis ans Ende der Welt, wo der Baum des Lebens steht, und haben dir den Apfel geholt.« Voll Freude machte sich der Jüngling auf den Heimweg und brachte der schönen Königstochter den goldenen Apfel, der nun keine Ausrede mehr übrigblieb. Sie teilten den Apfel des Lebens und aßen ihn zusammen. Da ward ihr Herz mit Liebe zu ihm erfüllt, und sie erreichten in ungestörtem Glück ein hohes Alter.

Die Weiße Schlange zeigt – wie schon das Märchen Von dem Teufel mit den drei goldenen Haaren, das ich in meinem Buch »Märchen« interpretiert hatte – eine typisch schamanische Grundstruktur: Ein Mann arbeitet als Diener bei einem König. Dieser lässt sich – verdeckt – jeden Tag eine geheimnisvolle Speise bringen. Der Diener späht von Neugier gepackt nach und entdeckt eine weiße Schlange, von der der König täglich isst. Auch er kostet sie, und ab diesem Zeitpunkt kann er die Sprache der Tiere verstehen.

Das Motiv der Schlange oder des Drachen, von der oder dem man isst und fortan die Sprache der Tiere versteht, ist uralt: Sigurd isst das Drachenherz und versteht die Sprache der Vögel; auch der griechische Seher Melampus versteht die Sprache der Vögel, nachdem ihm eine Schlange die Ohren ausgeleckt hat; und in einem serbischen Märchen spuckt eine Schlange einem Jüngling in den Mund, worauf auch dieser die Tiersprache versteht.

Die Schlange ist die Große Urschlange, das Bewusstsein der Erde selbst. Viele, die Ayahuasca zu sich nahmen, berichten von ihrer Kommunikation mit dieser Schlange. In Indien werden diese Schlangen wie gezeigt als Nagas, als heilige, gottähnliche Wesen, verehrt. Sie bewachen traditionell Türen und Schwellen, Orte des Übergangs. So wird das Essen von der Weißen Schlange auch hier im Märchen zu einer Bewusstseinsschwelle. Der Diener verbindet sich mit dem Erdbewusstsein und wird fortan zum Schamanen. Er versteht die Sprache der Tiere.

Auch das zweite Symbol bekräftigt diese Verbindung des Mannes mit der Erde. Er wird verdächtigt, den Ring der Königin gestohlen zu haben, doch dank seiner neuen Verbindung zu den Tieren erkennt er, dass dieser versehentlich von einem Vogel – einer Ente oder in einer anderen Version einer Gans – gefressen wurde. Im Bauch des Vogels wird der Ring gefunden. Der Ring als Symbol der Verbundenheit und Partnerschaft, der »Heiligen Hochzeit«, zeigt erneut die Verbindung des jungen »Schamanen« zu den Tieren und der Erde selbst. In der Sagenversion der Gans wird dies offensichtlich. Wie auch im Märchen »Die goldene Gans« ist die Gans ein Attribut der Erde: des ägyptischen Erdgottes Geb, der Göttin Nemesis (der Schützerin der Natur) oder der germanischen Hulda. Der Ring im Magen der Gans ist die innere Verbindung zur Erde – ein Seelenvertrag!

So beginnt er seine (schamanische) Reise. Er begegnet drei Fischen, die in einem Rohr gefangen sind. Gemäß seines Seelenvertrages mit dem Erdbewusstsein befreit er sie. Er begegnet einem Ameisenvolk und trampelt mit seinem Pferd beinahe viele von ihnen tot. Doch versteht er ihre Warnrufe, und so kann er das Volk vor Schaden bewahren. Schließlich findet er drei junge Raben, die noch nicht des Fliegens fähig sind und zu verhungern drohen. Er opfert sein Reittier und nährt damit die Raben. In der germanischen Mythologie sind es die beiden Raben Hugin und Munin, »Denken und Erinnern«, die als Seelenbegleiter Odin folgen und für ihn bis ans Ende der Welt fliegen.

So erfüllt der Diener (der Erde) seine Seelenverträge an Wesen, die in der Erde leben (Ameisen), an Wesen des Wassers (Fische) und an Wesen der Luft (Raben). Körper (Erde), Seele (Wasser) und Geist (Luft) werden vom Erdbewusstsein durchdrungen, indem die Tiere seine Seelenbegleiter, seine Krafttiere, werden. Fortan dienen diese Tiere und damit ihre Seinsebenen ihm.

Drei Aufgaben muss er erfüllen, um die Königswürde zu erlangen, zum vollkommenen Menschen – oder vollwertigen Schamanen – zu werden: Einen Ring vom Meeresgrund holen, Hirse von der Erde lesen und einen Apfel vom Baum des Lebens bringen. Hier erscheinen offensichtlich die drei Welten des schamanischen Weltenbaums: Indem der Ring mit Hilfe seiner Krafttiere, der Fische, vom Meeresgrund geholt wird, dringt er in die Untere Welt vor und verbindet sich (Ringsymbol) mit dieser Bewusstseinssphäre. Die Ameisen helfen ihm in der Mittleren Welt Nahrung aufzulesen. Er kann die Aufgaben unserer physischen Existenz erfüllen und zur Nährung seines Volkes beitragen. Schließlich fliegen, wie bei Odin, die Raben für den Diener (der Erde) ans Ende der Welt und bringen einen Apfel vom Baum des Lebens. Schamanisch sind sie für ihn in die Paradieswelt, die Obere Welt, gereist. Der Baum des Lebens steht am (oberen) Ende der Welt. Zugleich ist er Symbol des Urquells der Schöpfung. So beweist der Adept, dass er mit Hilfe seiner Krafttiere die Drei Welten bereisen kann.

Die Weiße Schlange ist ein wunderbarer Urmythos, der uns zurückführt zu den Quellen unserer Verbundenheit mit der Erde und der Fähigkeit unserer Ahnen, die Drei Welten zu bereisen und so zum Diener und Gefährten der Erde selbst zu werden; eine Fähigkeit, die wir auch heute besitzen, wenn wir bereit sind, uns mit der Erde zu verbinden.

Dreh- und Angelpunkt ist die namengebende »Weiße Schlange« des Märchens. Sie liefert offenbar endlos Nahrung in Form von Fleisch aus ihrem Körper. Wie anders sollte man die Schlange interpretieren als die endlos Nahrung produzierende Materie der Erde selbst? Doch die Schlange ist eben nicht nur Physis, sie gewährt eine Form des Wissens und der Erdverbundenheit. Die Schlange trägt die Bewusstseinskraft in sich und wird dadurch zum Weg des Schamanen, also zum Weg des »neuen Menschen«. Die Schlange und die durch sie verliehene Macht ist es, die den Menschen befähigt, die Untere, die Mittlere und die Obere Welt und damit den Weltenbaum, die Weltenachse, zu bereisen.

Diese Dreiheit erleben wir auch in den nordischen Mythen. So lebt der Drache Nidhöggr zwischen den Wurzeln des Weltenbaumes – wir werden seinen Mythos später etwas näher kennenlernen. Nidhöggr trinkt in der *Völuspa*-Dichtung während der »Endzeit« das Blut der Eidbrecher und Mörder am Nastrand. In der *Snorri*-Dichtung dagegen hält sich *Níðhǫggr* in den Wassern Hvergelmirs auf und quält dort die Toten. Der »Neidwurm« kann also in gewisser Weise der Unteren Welt und damit der Welt der Ahnen zugerechnet werden.

Die Midgard-Schlange *Jörmungandr* dagegen ist eine riesige Weltenschlange, die die Mittlere Welt – Midgard – umschließt. Wenn sie erwacht, dann zerbrechen Raum und Zeit, also unsere Realität.

In den Ästen des Weltenbaumes Yggdrasil dagegen lebt der Adler. Der eigentlich in der Oberen Welt, in Asgard, lebende Gott Odin verwandelt sich im Völuspa-Mythos sowohl in eine Schlange als auch einen Adler. Adler und Schlange sind in ihm eins.

So ist die Schlange letztlich in allen drei schamanischen Welten präsent und Herrin über sie. Deshalb vermag sie im Märchen *Die Weiße Schlange* den Helden durch alle Welten zu führen. Die Schlange ist in ihrer Symbolik somit um ein Vieles mehr, als »nur« die physische Erde. Sie ist so etwas wie die Existenz an sich, die in das Physische und das Nichtphysische hineinreicht.

Die Bedeutung des Drachen

Die geflügelte Schlange als Verbindung des Luftwesens Vogel mit dem Erdwesen Schlange soll uns als weiterer Trittstein zum Drachensymbol dienen. Wie schon mehrfach angedeutet, sind Schlange und Drache wesensverwandt. Wenden wir uns also dem Drachen zu. Es ist Zeit, sich der wörtlichen Bedeutung des Drachens zuzuwenden, denn aus ihr erschließt sich vieles für die symbolisch-mythologische Bedeutung dieses eng mit der Erde verbundenen Wesens.

Das deutsche Wort *Drache* leitet sich ab vom lateinischen draco. Als solches kam es auch erst mit den Römern zu den germanischen Stämmen. Im 9. Jahrhundert ist trahho und trache im deutschen Sprachraum nachweisbar. Davor sprach man meist vom Lindwurm (siehe unten).

Das lateinische draco beruht seinerseits auf dem griechischen drákōn, was sowohl im heutigen Sinne Drache als auch Schlange meinen kann. Diese Doppelbelegung von Drache und Schlange taucht sowohl in der Symbolik als auch in verwandten Bedeutungen wie den Wyvern (siehe unten) häufig auf und ist für die Bedeutung des Drachen unerlässlich. So ist der Drache wie die Schlange stets ein erdbezogenes Tier, selbst dann, wenn es als Luftdrache in China Verehrung genießt. Das Luftelement (analog auch das Wasserelement bei Wasserdrachen) muss hier als ein Teil der der Erde (als Planet oder mythologisch als Göttin) zugeordneten Elemente verstanden werden.

Das griechische δράκων, drákōn, ist seinerseits abgeleitet von δέρκεσθαι, dérkesthai, was »sehen« bedeutet: ansehen, anblicken, erblicken, wahrnehmen, scharf sehen, ja sogar (Licht)-Strahlen sind die erweiterten Bedeutungen von dérkesthai. Drákōn ist also frei zu übersetzen als »das Tier, das sieht, das wahrnimmt«. Eindeutig leitet sich damit der Drache aus der Seh- und Augensymbolik ab oder ist von dieser stark beeinflusst.

Das Auge wiederum ist ein Symbol der Erkenntnis, ja der Erleuchtung, also der spirituellen Entwicklung! Nach *Platon* ist das Auge das am meisten der Sonne ähnliche Sinnesorgan des Menschen. Es verkörpert Helligkeit, Licht, Hellsichtigkeit, Geist.

Dem Drachen ist dies also alles immanent. Er wird als jenes Wesen verstanden, das den Erkenntnisprozess der Menschheit fördert und jener Spirit, der für die Erde wahrnimmt. Wie die Sonne, für die das Auge steht, ist der Drache damit ein Symbol der Göttlichkeit und zugleich Werkzeug der Erde.

Das bis ins 9. Jh. stärker im Deutschen gebräuchliche Wort »Lindwurm« betont einmal mehr die Schlangensymbolik des Drachens (ab dem 9. Jh. waren auch Zusammenfügungen wie lintrache geläufig). *L*innormr ist eine tautologische Zusammensetzung zweier gleichbedeutender Substantive: linni = Schlange (verbunden mit lindi = weich, zart, nachgiebig, biegsam) und orm oder eben Wurm. Insofern wäre der Lindwurm eben der sich schlängelnde Wurm. Interessanterweise wird aber gerade auch dem Lindwurm die »starke Augenkraft« in den Legenden zugesprochen. Wie eine weitere Variante, der Basilisk, ist der Lindwurm befähigt, durch seinen Blick zu hypnotisieren, erstarren zu lassen oder gar zu töten. Im sogenannten Spiegelbrunnen in München lebte einst ein Lindwurm, der jeden tötete, der in den Brunnen hinunterblickte, bis er durch einen darübergehängten Spiegel in seinem eigenen Blick erstarrte. Auch der vor dem Drachen im deutschen Sprachraum gebräuchliche Lindwurm besitzt folglich die gleiche Augensymbolik wie der Drache.

Im Tatzelwurm, aus der Zusammenfügung von Tatze und Wurm, wird der Drache als ein mit Tatzen, also Füßen, ausgestatteter Wurm/ Schlange, ebenso anschaulich wiedergegeben.

Wyvern dagegen werden meist als drachenartige Wesen dargestellt, deren Vordergliedmaßen zu Flügeln umgebildet sind (ähnlich wie bei den Vögeln). Der Begriff entstammt dem englischen Wort wyver aus dem 13. Jahrhundert, das sich selbst wiederum vom altfranzösischen wivre, französisch vouivre ableitet und einen Bezug zum lateinischen vipera (Viper) besitzt. Interessanterweise hat die französische vouivre (Wyver) aber ebenso eine Beziehung zum französischen vivre = Leben (wie auch das lateinische vipera, abgeleitet von vivipar = das Leben gebärend). Die geflügelte Schlange, der Wyver, tritt uns hier also vor allem in ihrer Symbolik der Lebenskraft entgegen.

Der Drache als Kulturbringer

Der Drache als Symbol des Unheils und des Bösen ist in den christlichen Legenden, ja grundsätzlich vor allem in den patriarchalen Kulturen weit verbreitet. In den meist viel älteren Mythen dagegen erscheint der Drache nicht nur als Ursprung der Lebenskraft, sondern als jene Kraft, die den Menschen überhaupt die Kultur brachte, wie wir ja schon in der Sage Neuguineas dargestellt hatten (siehe Kapitel »Die Frau und die Schlange«).

Vordringlich berufen sich im asiatischen Raum verschiedene Völker mit ihrem legendären Urherrscher und Kulturbringer auf die Abstammung von Drachen:

Lac Long Quân, was wörtlich der »Drachenherrscher von Lac« bedeutet, ist der mythologische Gründer von Vietnam und der Kulturbringer des vietnamesischen Volkes. Sein Vater war Shennong, der einst die Tochter des Drachens Thần Long Nữ heiratete. Damit war Lac Long Quân buchstäblich ein »Sohn des Drachens«. Er selbst heiratete die Berggöttin Âu Cơ. Wir erkennen darin die innige Verwobenheit der frühen Herrscher mit dem Land, die Grundlage ihrer Weisheit und Überlegenheit war. Lac Long Quân brachte dem Volk die Fischerei, den Reisanbau und das Reiskochen sowie die Kunst der Tätowierung bei.

Sein chinesisches Äquivalent ist Fu Xi, der den Menschen den Gebrauch des Fischernetzes und damit den Fischfang, die Zähmung wilder Tiere und damit die Viehzucht, die Seidenraupenzucht, ja, manchen Legenden zufolge sogar die Kunst des Feuermachens und die Werkzeugherstellung beibrachte, auch die Messung von Raum und Zeit (mittels geknoteter Schnüre). Letztlich geht auch die chinesische

Geomantie *Feng Shui* mythologisch auf *Fu Xi* zurück. Seine Ahnin war die »Alte Drachenmutter« Tsin-Kong, deren achter Sohn (Drachensohn) er war. Gemeinsam mit seiner Gattin Nu-Wa wird *Fu Xi* als Wesen halb Mensch, halb Drache dargestellt. Der Kulturbringer erhielt damit seine Weisheit und das Wissen, das er den Menschen übermittelte, unmittelbar von den Drachen.

In Indien ist Shiva in seiner Gestalt als Pasupathinath Herr aller Geschöpfe. Er wird dargestellt als von Schlangen/Drachen umwunden. Die Naga-Schlange, die hier als Quelle seiner Kraft betrachtet wird, gilt – wie wir ja schon gesehen haben – auch als ein der Materie innewohnendes göttliches Bewusstseinssymbol. Sie bringt die Fruchtbarkeit und die Lebenskraft Prana.

Der erste persische Herrscher Faridun, der am Anbeginn der persischen Geschichte gelebt haben soll, hatte drei Söhne. Um zu entscheiden, wer der künftige Herrscher werden sollte, verwandelte sich Faridun in einen Drachen. Es erhielt jener Sohn die Königswürde, der dem Drachen widerstand, ohne zu fliehen und ohne diesen zu töten. Auch hier steht der Drache in enger Beziehung zum ersten Kulturheroen.

Selbst die indogermanische Göttin des Herdfeuers Heustero bekam ihre Kraft aufgrund der »Schlange des Herdes«. Das Feuer am Anbeginn unserer Kultur ist damit zutiefst mit dem Drachen verbunden. Es ist

Abb. 5: Legende von Faridun. Islamische Buchmalerei

nicht nur das physische Feuer, das es gestattete, Nahrung zu garen, sondern es ist vor allem auch das geistige, das spirituelle Feuer, das der Drache bringt.

Bei den Azteken und Tolteken war es der geflügelte Schlangen-Drache Quetzalcoatl, der den Menschen selbst aus Mais und zermahlenen Edelsteinen erschuf.

Und in Europa? Neben zahllosen Drachentöter-Legenden steht auch hier in den alten Mythen die Kraft des Drachens als Quelle der menschlichen Kultur am Beginn der Zeiten. Delphi war der Wohnsitz des (zunächst weiblichen) Drachens (oder der Schlange) Python, Sohn der Urmutter Gaia, der Erde selbst. Nach dem homerischen Hymnos wurde Python aus dem Urschlamm geboren. Er ist präsent seit dem Beginn des Lebens auf Erden. Da Drachen seit Anbeginn die Evolution und das Leben auf Erden hüteten, sind sie in den Legenden die Hüter der Schätze, nicht aus Gier, sondern aus Fürsorge heraus.

Der slawische Gott Svarožić, der auch die Namen Dažbog oder Radegast trug, war als Sonnen- und Feuergott der Gottvater des slawischen Pantheons. Auch er erschien bisweilen selbst in Gestalt eines mächtigen Drachen. Er war ein Gott des Lichtes, aber eben auch des Feuers, das er den Menschen schenkte. Als solcher war er als Lebensspender hochverehrt.

Stark verwurzelt ist die Lebens- und kulturbringende Kraft der Drachen in den keltischen Mythen. Der Titel der keltischen Könige war Pendragon – Großer Drache. Im Artus-Mythos ist es der Name von Artus Vater Uther Pendragon. So bezogen sich die keltischen Fürsten auf die Kraft des Drachens des Landes. In *Carmarthen* in Wales, das ja einen roten Drachen in der Flagge führt, soll ein Drache bei einem Tumulus, dem legendären Begräbnisort des walisischen Stammesfürsten Ederyn, bisweilen bis heute gesichtet werden. Auch hier sind die Drachen nicht böse. Zornig werden sie jedoch, wenn der Mensch Land in Besitz nimmt, ohne dem Land und damit der Drachenkraft Respekt zu erweisen, wenn er nimmt, ohne zu geben. Dann beginnt die Erde zu beben, Fluten erheben sich und Feuer vernichtet Wälder und Ernten. Ein Spiegel unserer aktuellen Zeit?

Bis ins 19. Jahrhundert hinein wurden Drachen als reale Wesen betrachtet. Der deutsche Entomologe Samuel Schilling widmete den Drachen ein Kapitel in seinem 1837 erschienenen Werk Ausführliche Naturgeschichte des Thier-, Pflanzen- und Mineralreichs: »Wenn man alle die verschiedenen Nachrichten über den fabelhaften Drachen vergleicht, so scheint doch wirklich ein lebendes Thier zu diesen Erzählungen Veranlassung gegeben zu haben; und dieses Thier war ohne Zweifel kein anderes, als die große Abgottschlange (Boa constrictor), welche in Indien und Afrika lebt und 30 bis 40 Fuß lang wird.

So ist der Drache als Urquell der Lebenskraft des Landes und spiritueller Impuls der Menschheitsgeschichte auch eng mit den Gründungsmythen zahlreicher Städte wie Basel, Murnau, Klagenfurt, London und vielen mehr verknüpft, auch wenn die patriarchale Sicht aus dem Geschenk der Drachen einen Drachenkampf machte, infolgedessen sich der Mensch die Fruchtbarkeit der Erde gefügig machte.

Der chinesische Drache

In der europäischen Kultur wurde der Drache mit der Patriarchalisierung und verstärkt mit der Christianisierung zu einem Symbol der Angst und des Bösen. Diese Symbolik läuft jedoch konträr zur Drachensymbolik wie sie in der Geomantie Verwendung (siehe unten) findet. Hier ist der Drache ein Symbol der Urkraft und zutiefst mit der Landschaft, ja, mit der Lebens- und Schöpfungskraft der Erde selbst verbunden – etwa als Berg- und Wasserformen. In dieser Hinsicht gleicht das Bild des Drachen in der Geomantie eher dem Bild des chinesischen Drachen.

Der Drache – Long – ist in der Mythologie Chinas ein geistiges, ja sogar ein göttliches Wesen. Als solches ist der Drache als mythischer Ausdruck einer wohlgesonnenen Urkraft in China erstmals um 400 v. Chr. nachweisbar. Seine Göttlichkeit findet Ausdruck in dem bereits mehrfach erwähnten legendären Urherrscherpaar Fu Xi und Nu-Wa, die als Kinder der Drachen gelten, sowie im Drachenkaiser

Abb. 6: Chinesischer Drache. Fayu-Tempel/China

des Ostmeeres (Ao Guang). Wir werden Fu Xi und seine Gemalin gleich noch etwas näher beleuchten.

Landschaftlich verortet sich der chinesische Drache sehr häufig im Wasser: In Flüssen, Seen, Meeresbuchten, manchmal auch Brunnen. Wird er in den Bergen angesiedelt, so ist der Drache wiederum mit den Wolken verbunden, die den fruchtbarkeitsspendenden Regen bringen. Der schlangenartige, sich windende chinesische Drache, der mehr durch die Luft schwimmt, als in ihr fliegt, bildet daher mit dem sogenannten Urwasser eine symbolische Einheit.

Dennoch ist der chinesische Drache formenhaft ungebunden. Ein chinesisches Sprichwort besagt: Der Drache hat neun Söhne, jeder von ihnen ist verschieden. Die ebenso glücksverheißenden Tiersymbole Schildkröte und Löwe werden daher letztlich in China als eine formale Variante des Drachens gesehen, ja Drachen können sich gar in Menschen verwandeln. Darin kommt zum Ausdruck, dass die Drachenkraft der Erde letztlich in allen Tieren, ja dem Menschen selbst immanent ist. Die Urkraft des Drachens ist es, die der Natur, der Pflanzen- und Tierwelt Lebenskraft verleiht und im Menschen zu einem langen Leben, Glück, Wohlstand und Zufriedenheit führt.

Sprechen wir hier von den Drachen, dann ist genau jene Kraft gemeint, die mit dem sogenannten Seelenwasser verbunden und ursächlich für die Schöpferkraft des Lebens ist. In der Abwendung von dieser Kraft begann mit der Ausbreitung des Patriachats der Mensch, die Natur zu unterwerfen, anstatt mit ihr und für sie zu wirken; die Natur auszubeuten, anstatt sie zu fördern; Tiere zu nutzen und zu benutzen, anstatt sie zu schützen und die Urkräfte der Erde für eigene technologische Zwecke einzusetzen. Diese Haltung zeigt ihren symbolischen Ausdruck im Drachenkampf und der Furcht vor der Urkraft des Lebens.

Wir leben damit in einer Zeitenwende, die ihr Verhältnis zum Drachen grundlegend überdenken muss, wenn das Überleben der Menschheit weiter gewährleistet sein soll. Wir müssen die Drachen befreien, anstatt sie zu töten, ja, letztlich den Drachen in uns wiederentdecken.

Der Erbe des Drachen

Wenn wir zu den Wurzeln geomantischer Systeme und Denkweisen vordringen wollen, dann kommen wir auch um mythische Personen nicht herum. Eine von ihnen ist der »Urahn« der Menschen (aus chinesischer Sicht), der legendäre erste Kaiser *Fu Xi* in China. Als Kulturbringer hatten wir Fu Xi bereits kennengelernt. Er ist eine der legendären Gestalten aus den kulturellen Anfängen Chinas.

Speziell auf die spirituelle Erfassung der Natur und der Erde bezogen, die Geomantie beziehungsweise das Feng Shui, wird Fu Xi für eine ganze Reihe von Konzepten und Lehren geehrt:

- das Konzept von Yin und Yang,
- die vier Ursymbole (si xiang),
- das Prinzip der acht Trigramme (vor allem in ihrer Reihung des sogenannten »frühen Himmels«).

Der mythische Herrscher

Die mythische »Geschichte« des Fu Xi beginnt bereits vor seiner Geburt: Die »alte Drachenmutter« Tsin-Kong ist ein uralter daoistischer

Mythos, und vor allem Frauen nahmen bei ihr zur Geburt ihres Kindes Zuflucht. Auf sie zurück gehen neun legendäre Herrscher (»Drachensöhne«), so auch der legendäre Urherrscher Fu Xi als achter Sohn. In einer anderen Überlieferung erschuf die halbgöttliche Herrscherin Nu-Wa am Anfang der Geschichte die Menschen. Sie wird als Mensch mit Drachenleib dargestellt und ist ein Rudiment der frühen matrifokalen Gesellschaft Chinas. Fu Xi und Nu Wa werden oft auch als Urherrscherpaar gemeinsam dargestellt. Der Kaiser erhielt seine Autorität als Erbfolger der »alten Drachenmutter«, weshalb er auch unter anderem als »Drachensohn« bezeichnet wurde. So wurde die weibliche Macht auf den männlichen Herrscher übertragen.

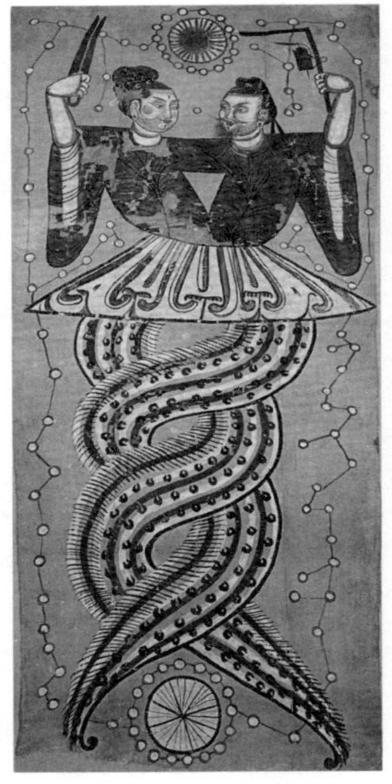

Abb. 7: Die legendären Herrscher Fu Xi und Nu Wa mit Schlangenleibern.

Zunächst galt Fu Xi als »Herrscher des Himmels«. Er beobachtete die Färbung und Struktur des Himmels, sodann wandte er seinen Blick der Erde zu und betrachtete die Farben und Musterungen der Vögel, der anderen Tiere und schließlich die verschiedenen Ausprägungen des Bodens. So wurde ihm der Zusammenhang der Naturkräfte bewusst und dass alles vom »Atem« der Erde und des Himmels durchdrungen ist: dem Qi.

Die Gesetze der Welt erkennend, vermaß Fu Xi die Zeit und den Raum und erfand das Winkelmaß. Sobald die Welt geordnet war, vereinigte sich Fu Xi mit seiner Mutter/Schwester Nu-Wa als Gatte und Gattin. Fu Xi trägt daher als Attribut das Winkelmaß als ein Symbol seiner spirituellen und magischen Kräfte und des Männlichen, Nu-Wa dagegen erhielt als Attribut den Zirkel und den Kompass (der Kreis als

Symbol des Weiblichen). Das sind alles auch Symbole der Geomantie und Baukunst.

Der lachende Buddha und der Drache

In China zeigt der alles andere als asketisch wirkende 布袋 Bùdài, der lachende Buddha, die dem Diesseits zugewandte Seite des Chan-Buddhismus, der sich in Japan zum Zen-Buddhismus entwickelte. In Kombination mit dem chinesischen Drachen ist er nicht nur ein ausgesprochenes Glückssymbol, das gerne auch im Feng Shui Anwendung findet, sondern vor allem die Vision einer erdverbundenen und spirituellen Zukunft der Menschheit.

Der lachende Buddha

Budai, der lachende Buddha, der in Japan *Hotei* genannt wird, wird in völligem Kontrast zur indischen Darstellung eines hageren in sich gekehrten Buddhas als dickbäuchig und stets lachend dargestellt. Die Legende besagt, er sei einst der aus der Provinz Zhejiang stammende Mönch Qici (契此) gewesen, der im 10. Jahrhundert gelebt haben soll. Er wurde wegen seiner voluminösen Körpergestalt Bùdài, »Jutesack« genannt. Budai soll gestottert haben und stets dort eingeschlafen sein, wo er gerade hinfiel, das typische Beispiel eines parzivalähnlichen Tölpels. Doch der Mönch Qici war auch in höchstem Maße magisch begabt: Er besaß die Gabe der Vorhersehung und konnte das Wetter beeinflussen, und so blieb auf seinem Körper niemals Schnee liegen (ein Symbol des ewigen Frühlings). Wir erkennen hierin schon seine nahe Verwandtschaft zum Drachen. Trotz seiner enormen magischen Kraft, war Qici sehr bescheiden und mit jeder Nahrung zufrieden, die man ihm spendete. Essbare Spenden sammelte er sozusagen in seinem Körper, nicht essbare in einem Sack, mit dem er – prall gefüllt – oft dargestellt wird.

In China verschmolz die Gestalt des Budai mit dem indischen Maitreya-Buddha. Maitreya wird gerne »Buddha der Zukunft« genannt, denn dem Mythos nach residiert er im Tushita-Himmel, dem Himmel der indischen Götter. Gottgleich wartet Maitreya auf seine Wiedergeburt als Bodhisattva, die am Ende des aktuellen Zeitalters geschehen soll. Wie eine Messiasgestalt wird Maitreya allen Menschen dann die Erleuchtung bringen.

Es erscheint paradox, den kleinen Budai mit Maitreya gleichzusetzen, und doch ist diese Verbindung in Ostasien allgegenwärtig. Dies beruht auf seinen Predigten, denn er wurde nicht müde zu erklären, dass Maitreya bereits jetzt überall gegenwärtig ist – in jedem Menschen, aber auch den Pflanzen und den Tieren. Somit predigte Budai die Erkenntnis eigentlich durch die Natur und die Erde. Und so wird der lachende Buddha in Japan zu den sieben Göttern des Glücks (Shichi Fukujin) gezählt. Er zeigt eine Vision, in der der Mensch in naher Zukunft die Erleuchtung erfährt, indem er sich dem Leben in seiner ganzen Tiefe und Heiligkeit zuwendet.

Abb. 8: Buddha und Drache: Bewusstsein und Erdverbundenheit

Buddha und der Drache

Wenn nun der Milifu-Buddha mit dem Drachen in der Darstellung gemeinsam abgebildet wird, so verschmilzt gleichsam die Herkunft des Drachen als allwissendes Kind der Erde mit der Vision des Menschen, der zur Erde zurückfindet, dadurch die Erleuchtung findet und einen paradiesischen Zustand – das »Goldene Zeitalter« – auf Erden erzeugt. Mensch und Erde sind in den beiden sich zärtlich umwindenden Wesen wiedervereint. Dies ist eine Vision der aktuell entstehenden Geokultur und das Versprechen, dass Mensch und Erde sich wechselseitig fördern werden.

Der Drachenhort

Letztlich wurde im letzten Kapitel bereits der Drache als Symbol des Wohlstandes, ja des Reichtums, in der asiatischen Symbolik dargestellt. Aber auch in Europa ist der Drache eng mit unsäglichen Schätzen verknüpft. Wir alle kennen das mythologische Bild, wie es in Sagen, Legenden und in Märchen und bis hin zur Fantasy-Literatur geläufig ist: Der Drache behütet einen unglaublich großen Schatz, den sogenannten Drachenhort. Die Verbindung von Drache und Schatz ist so eng, dass sie symbolisch kaum zu trennen ist. In der isländischen Gull-Þóris Saga aus dem 14. Jahrhundert ist der Drache ein Held, viking Vale, der mit seiner ganzen Sippschaft – ebenfalls Drachen – einen riesigen Schatz bewacht, bis er von Thorir besiegt wird. Der Drache Fafnir hütet in der Edda ebenso einen Hort, den er zusammengetragen hat, auf der Gnitalheide. In der Völsunga Saga liegt der Schatz Fafnirs in einem Otterfell (sein erschlagener Bruder), das so lange mit Gold bedeckt werden musste, bis nichts mehr davon sichtbar war. Der Schatz als eine Art Sühneopfer. Und auch im Beowulf-Mythos hütet das drachenartiges Ungeheuer Grendel seinen Schatz. Wir könnten endlos so weiter machen…

Manche der Schätze sind magisch, andere verflucht. Wir sehen darin, dass der Schatz mehr ist als einfach reichtumverheißende Materie. Der Nibelungenring kann den Schatz vermehren, aber er wurde verflucht und bringt seinem Besitzer den Tod. Der Schatz steht symbolisch für eine Gabe, einen geistig-seelischen Urzustand, der vom Hüterwesen Drache bewacht wird. Da der Drache selbst eng mit der Erde verbunden ist, wie wir ausgiebig in anderen Kapiteln dargelegt haben – nicht zuletzt lebt er oftmals im Berg, in Höhlen und unter der Erde und sammelt ebendort auch seinen Schatz – steht der Drachenhort für die »Schätze der Erde«.

Viel zu oft werden auch hierin, der menschlichen Denkart entsprechend, nur Rohstoffe gesehen. Doch der Erdenschatz ist viel mehr. Wie in den Mythen dargelegt, verändert er seinen Besitzer: Wird der Schatz geraubt, verwandelt sich der neue Eigentümer in einen gierigen und gewalttätigen Menschen (wie der Arkenstein, der im Herzen von Erebor gefunden wurde [das Herz des Berges], Thorin Eichenschild im *Hobbit* hartherzig werden lässt). Wird der Schatz jedoch gewonnen oder geschenkt, so überträgt sich auch dies auf seinen Besitzer und beschenkt ihn zudem mit allerlei Fähigkeiten und ungeahnter Großzügigkeit. Der Schatz ist somit eine wiedererlangte Seelenbeziehung des Menschen zur Natur und zur Erde. Sein Erringen verlangt, wie es im Märchen so schön heißt, ein »reines Herz«, das gleichsam selbst der Schatz ist.

In diesem Sinne ist der Drachenhort eine verborgene Kammer, die uns mit dem Seelenraum der Erde verbindet. Das Finden dieser Kammer im eigenen Herzen öffnet auch den Erden-Seelen-Raum. Der Drache muss nicht bezwungen werden, wenn der Schatz glücksverheißend sein soll. Man muss sich ihm zuwenden, sodass der Drache den Schatz freigibt.

Der Drache und die Zwerge

Eng verbunden ist der Drachenschatz mit dem Schatz der Zwerge. Am offensichtlichsten wird die enge Verbindung in den eddischen Schriften wie der Reginsmál und Fáfnismál: Reginn ist ein Zwerg und zugleich der Bruder des Drachen Fafnir! Das Brudermotiv verweist stets auf eine Wesensverwandtschaft oder gar -identität. Reginn ist der Ziehvater von Sigurd, und Reginn ist es auch, der das Drachentöterschwert Gram schmiedet. Drache, Zwerg und Drachenhort sind in ihrer Symbolik eng verwoben und bilden gleichsam einen Symbolkreis. In der Nibelungensaga ist der Zwerg Alberich der Hüter des Nibelungenhorts.

Einmal mehr verweist dieses enge Symbolverhältnis darauf, dass der Schatz ein Erdenschatz ist, denn mit der Erde, mit den Bergen und Stollen sind die Zwerge eng verbunden. Einst hilfreiche Geister, wurden auch die Zwerge wie die Drachen mit dem zunehmenden Einfluss des Christentums in ihrer Darstellung immer gieriger und bösartiger.

Es scheint, dass der Erdenschatz als ein Spiegel wirkt. Was der Mensch in ihn hineinprojiziert, strahlt er zurück. Je seelisch abgetrennter der Mensch von der Erde wurde, um so mehr erscheinen ihm die hilfreichen Erdgeister als bösartige und rachsüchtige Zwerge und die Drachen als Symbole des Bösen schlechthin. In der engen Verbindung von Zwerg und Drache wird offenbar, dass auch der Drache letztlich ein »Erdengeist« ist, doch ist seine Wesenhaftigkeit gleichsam viel archaischer und ursprünglicher als die der Zwerge.

Der Seelenspiegel

Der Schatz ruht in den tiefsten Schichten der Erde. Er ist eng mit der Erde an sich verbunden und strahlt als Seelenspiegel das zurück, was der Mensch in der Erde sehen will. Es darf daher nicht um den Raub des Schatzes gehen, es muss in einem neuen geokulturellen Verhältnis des Menschen zur Erde gleichsam um eine Erlösung des Schatzes gehen! Den Schatz finden, um der Schatz zu sein, ist die Aufgabe. Wird der Mensch selbst zum Schatz der Erde, steht er allen gleichermaßen zur Verfügung und die Drachen werden seine Schützer sein…

Der Drache und die Sterne

Die Schlange und den Drachen als Symbol der Erdhaftigkeit haben wir in den vergangenen Kapiteln bereits in vielen Facetten gezeigt. Doch beide haben ein Pendant, das als Sternendrachen oder Himmelsschlange in den Mythologien der Völker bekannt ist.

Natürlich fällt es auf, dass das Sternbild Drache (Draco) eines der mächtigsten Sternbilder des Nordhimmels ist. Der Sternendrache umringelt den Kleinen Bären und ist damit selbst ein zirkumpolares Sternbild. Ja, der Kleine Bär gehörte in der ptolemäischen Vorstellung der Antike als die Flügel des Drachen zum Sternbild Draco selbst dazu. Der mächtige Drache am Firmament grenzt an acht andere Sternbilder und tanzt dabei in seiner Drehung um den Polarstern.

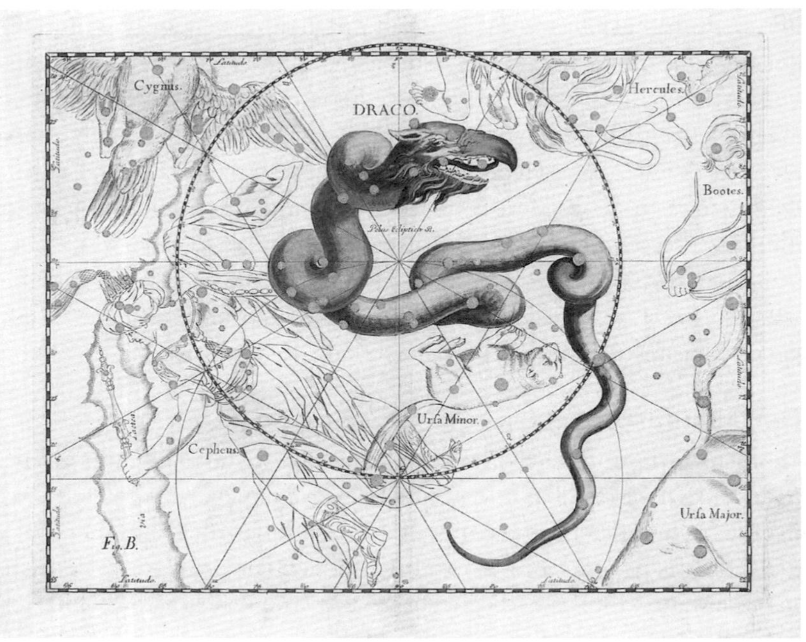

Abb. 9: Sternbild Draco.
Darstellung in Uranographia von Johannes Hevelius.

Vor 5000 Jahren bis ins alte Ägypten war der Hauptstern α Draconis (Thuban) selbst einmal Polarstern. Im Grunde ist α Draconis sogar ein Doppelstern, wie man kürzlich herausfand.

Der babylonischen Mythologie nach ist das Sternbild Draco die eine Hälfte des Urdrachen Tiamat, die an den Himmel versetzt wurde. Himmelsschlange und Erdenschlange sind hier sozusagen eins. In der Sage um Herakles muss dieser den Drachen Ladon bezwingen, um an die Äpfel der Hesperiden zu gelangen. In dieser starken Paradiessymbolik hütet der Drache den Weltenbaum mit den wundersamen Äpfeln wie die Schlange den Baum der Erkenntnis im Paradies. Von Hera wurde Ladon dann an den Himmel versetzt und bildet das Sternbild Draco.

In der chinesischen Astronomie und Astrologie ist der Blaue Himmelsdrache (Qīng Lóng), dem der Osten und der Frühling zugeordnet werden, nicht nur ein Sternbild, sondern eine ganze Himmelsregion.

Dieser Frühlingspalast wird in der westlichen Astronomie von den Sternbildern Jungfrau, Waage, Skorpion und Schütze eingenommen.

Gelegentlich verschmilzt der Blaue Drache auch mit der Schöpfergöttin Núwa, die ja, wie wir schon sahen, ebenfalls in Drachengestalt dargestellt wird. Als die vier Säulen, die den Himmel trugen, zu bröckeln begannen, stürzte ein Teil des Himmels ein, so dass die Erde nach Südosten, der Himmel nach Nordwesten kippte und die Weltenachse schief lag. Mit Hilfe von fünf bunten Steinen (den fünf Wandlungsphasen) flickte Núwa den Himmel, um die Menschheit zu retten. Gelegentlich wird der Blaue Drache auch als der Regenbogen gesehen, der das Diesseits mit dem Jenseits verbinden soll. Wir erleben wiederum den Gleichklang des Erddrachens Núwa als erschaffende Göttin mit dem Himmelsdrachen, die beide die Weltensäule und damit auch die Brücke in die Ahnenwelt erschaffen.

Im Alten Ägypten übernimmt all diese Funktionen die Totengöttin Qebehut (Altes Reich). Sie wurde dargestellt als Himmelsschlange mit Straußenfedern. Als »Öffnerin des Himmels« sorgte Qebehut für den Weg der Verstorbenen zu den Sternen. Auch später wurde die Seele oft auf einer Schlange zu den Sternen reitend dargestellt und galt dann als eine Personifikation der Isis. Die Himmelsschlange öffnet hier den Weg zu den astralen Ahnenwelten. Auch in der nordischen Mythologie fliegt am Ende der Völuspa-Saga der Nidhöggr-Drache mit den Toten!

Exakt dieselbe Funktion hatte bei den Azteken die Wolkenschlange Mixcoatl, die als Verkörperung der Milchstraße galt. Mixcoatl, die Gottheit der Milchstraße, brachte die Seelen verstorbener Krieger an den Himmel, wo sie zu Sternen wurden. Mixcoatl war es aber auch, die den Menschen das Feuer brachte. Das physische Feuer, das Seelenfeuer und die Sterne sind eins.

Himmelsschlange und Himmelsdrachen schlagen die Brücke zwischen der materiellen Welt und dem geistigen Raum der Sterne. In der Offenbarung des Johannes ist es darum wiederum ein – nun freilich als böse interpretierter – Drache, dessen Schwanz ein Drittel der Sterne vom Himmel fegt und sie auf die Erde wirft. Freilich verbindet auch er damit gleichsam den Sternenraum mit dem irdischen.

So sind die Erdenschlange und der Himmelsdrache sinnsymbolisch verbunden und verbinden auf diese Weise Kosmos und Erde als einen Seelenweg, ja, sie sind letztlich die Weltenachse selbst. Der Sternendrache umtanzt bis heute das kosmische Ende der Erdenachse am Nordhimmel und inspiriert die Menschen mit dem Sternenfeuer.

Wenn Christen Drachen heilen

Wir kennen den Drachen in der christlichen Symbolik überwiegend – vereinfacht ausgedrückt – als ein Symbol des Bösen. Der Drache (Teufel) wird vom heiligen Georg, Beatus, Michael und anderen mehr bezwungen und getötet. Diese Grunddeutung sitzt so tief, dass viele Symbolinterpretationen kaum darüber hinausblicken.

Dennoch gibt es auch völlig gegensätzliche Drachendarstellungen im Christentum.

Der Heilige Simeon Stylites der Jüngere lebte im 6. Jahrhundert im Grenzgebiet zwischen Syrien und Kilikien. Im Jahre 547 soll Simeon (oder auch Symeon) den Berg der Wunder bestiegen haben und ließ sich am Ort des heutigen Klosters auf einer sehr hohen Säule nieder. Im Säulenheiligen, der auf einer hohen Säule lebt (Simeons Säule wird mit über 80 Fuß Höhe [fast 30 Meter] beschrieben), scheint das Symbol der Weltensäule hindurch. Die Weltensäule – im Germanischen Irminsul – ist (dem Weltenbaum symbolisch verwandt) eine Verbindung von Himmel und Erde. Indem sich der Heilige auf der Säule niederlässt und gleichsam auf ihr lebt, fristet er seine Existenz in der Oberen Welt, in der Krone des Weltenbaums. Simeon Stylites, der nun ebenso lebte, soll nur sehr selten herabgestiegen sein. Und einmal tat er es, um einen Drachen zu heilen!

In dieser Zeit wohnte ein außerordentlich großer Drache in der Nähe von [St. Simon Stylites] in nördlichen Teilen, wo kein Gras wuchs; und ein Stock blieb in seinem rechten Auge stecken. Und siehe, dieser blinde Drache kam und näherte sich der kleinen Wohnung, in der der Mann Gottes wohnte, und schleppte sich mit sich; er lag mit gesenktem Kopf da, und sein Körper war in

Abb. 10a: Heiliger Simeon Stylites auf Säule mit Schlange

Abb. 10b: Heilige Margarethe Obersaxen

einem Ring um sich zusammengerollt, als würde er um einen Gefallen bitten. Als der selige Simeon dies sah, entfernte er sofort einen ellenlangen Stock aus seinem Auge. Und als sie das sahen, verherrlichten alle Gott und flohen dennoch voller Ehrfurcht davor. Aber das Tier rollte sich um sich selbst zusammen und blieb an einem Ort unbeweglich, bis alle Menschen vorbeigekommen waren. Dann stand er auf, verehrte fast zwei Stunden lang die Klostertür und ging dann zurück in seine Höhle; und es tat niemandem weh.

[Vita S. Simeon Stylites (PL 73, 330, 7-24)]

Kein wilder Kampf beschreibt das Verhältnis von Drachen und Mensch hier, sondern die liebevolle, heilende Zuwendung des Menschen an das Urkraftsymbol der Erde. Im Bild erscheint der Drache als Schlange, die sich um die Säule windet wie die Schlange am Äskulapstab: Symbol der Heilung!

Auch andere Orte kennen noch ein solches Verhältnis: In Poitiers (Frankreich) gibt es zwar die Legende eines Drachenkampfs, allerdings verehrt das Volk hier viel mehr den Drachen als den tötenden Ritter. Der Drache wird als la bonne sainte vermine (das gute, heilige Ungetüm) verehrt, Rudiment einer liebevollen Zuwendung zu den Erdkräften, wie sie in vorchristlicher Zeit herrschte.

Auf Abbildungen der Heiligen Margarethe werden wir im Kapitel »Freie Drachen« noch tiefer eingehen. In Obersaxen im Kanton Graubünden/Schweiz erscheint auf einem gotischen Flügelaltar die Heilige Margarethe mit dem Drachen im Arm. Es ist eine Darstellung, die eher durch ihre liebevolle Zuwendung als einen unterstellten Drachenkampf besticht.

Im umgekehrten Verhältnis wurde die Heilige Eudoxia von einem Drachen beschützt, der sie gegen ihre Verfolger verteidigte.

Wir erleben, dass bis ins Christentum hinein eine positive Beziehung von Mensch und Drache erhalten geblieben ist. Es ist Zeit sich daran zu erinnern, denn Erde, Mensch und Drache sind eng verbunden, wie wir gleich sehen werden!

Gaia und der Drache

Am Portal der Basilika San Marco in Venedig ist eine wunderbare Szenerie dargestellt: Eine teilweise unbekleidete Frau sitzt auf einem Drachen. Aus ihren Händen sprießen Blätter. Aus dem Schwanz des Drachen bildet sich ein weiterer, kleinerer Drache, der – einem Baby gleich – an der Brust der Frau zu trinken versucht.

Wer ist diese Frau? »Maria, die Schlangenzertreterin«, die so gerne christlich dargestellt und interpretiert wird, kann es nicht sein, obwohl viele Attribute ihr gleichen. Barbusig wird die Muttergottes nur sehr selten dargestellt und wenn, dann das Christuskind stillend und nicht einen Drachen, der doch christlich meist für das Böse steht. Wer ist also diese Frau, die ganz offensichtlich mit der Kraft des Drachen innig verbunden ist?

Es ist Gaia! Es ist die Natur, die Erde selbst! Sie reitet den Drachen und nährt ihn zu gleich. Die aus den Händen sprießenden Blätter sind überdeutlicher Beleg dafür!

Abb. 11: Gaia und der Drache.
Portal der Basilika San M°arco in Venedig

Gaia sitzt auf dem Drachen. Der Drache ist ein uraltes Symbol der Urkraftebene der Erde. Bestehend aus den Pranken eines Löwen und feuerspeiend (Feuer), aus den Schuppen eines Fischs (Wasser), aus dem Körper eines Reptils (Erde) und angetan mit Flügeln (Luft) ist der Drache die Einheit der vier Elemente Feuer, Wasser, Erde und Luft, ja gleichsam das fünfte Element, die *Quinta Essentia*, das Ätherische.

Diese Urkraft der Erde, die Lebenskraft, wird von Gaia genährt (gestillt) und zugleich geritten. Die Drachenkraft ist das Vehikel des Lebens auf Erden, sie durchdringt die Sexualität, die Kreativität, die Vitalkraft der Pflanzen, den Atem der Tiere und des Menschen. Die Drachenkraft ist jene Lebenskraft, die die Grundlage für Gaias Wirken bildet. Darum reitet Gaia auf dem Drachen; er ist ihr »Pferd«, ihr Vehikel, über das sie die Lebensprozesse auf Erden durchströmt.

Zugleich wird die Kraft des Drachen unmittelbar von Gaia selbst genährt. Er hängt an ihrem Busen wie Christus an Marias Brust, wenn er gestillt wird. So nimmt der Drache mit der Muttermilch gleichsam die Essenz, das Wesen Gaias in sich auf.

Als Wirkkraft der Großen Göttin und zugleich aufs Innigste mit ihr verbunden, so stellt sich die Beziehung des Drachens mit Gaia dar. Wer das eine stört und schädigt, schädigt auch das andere. Beide sind untrennbar verbunden.

Wenn die Tötung des Drachen in den patriarchalen Kulturen zum obersten Prinzip erhoben wurde, dann geht dies einher mit der Tötung der Natur. Die Beengung und Einkerkerung, die Folter und Unterdrückung von Lebensfreude – Gesang, Tanz, körperlicher Nähe, des Atems und der Fruchtbarkeit –, mit der wir der Natur, den Pflanzen, den Tieren und nicht zuletzt auch dem Menschen selbst begegnen, ist Ausdruck des Versuchs, die Kräfte des Drachen zu bezwingen, ja, den Drachen selbst zu töten. Nur übersehen wir dabei, dass wir damit die Grundlage unserer Lebenskraft, den Lebensodem und das Seelenwasser selbst vernichten. Ohne den Drachen keine Gaia, ohne Gaia auch kein Mensch.

Dieses Bildnis aus Venedig ist immerwährende Mahnung – gerade in der heutigen Zeit –, die innige Verbundenheit von Drache und Erde nicht zu bekämpfen. Wir sind aufgefordert, sie zu respektieren, zu ehren, ja, zu unterstützen! Die Urkraft der Erde muss frei leben dürfen. Eine gebundene Energie des Drachen führt zu einem gebundenen Menschen, der selbst unterdrückt und ausgesaugt wird, der jeglicher Lebensfreude beraubt und zur seelenlosen Arbeitsmaschine degradiert wird, so wie wir auch die Tiere in den Tierfabriken zu seelenlosen Fleisch- und Milch-Produzenten herabwürdigen.

Diese Zeit ist vorbei, sie muss vorbei sein, wenn der Mensch als seelisches Geschöpf weiterleben will.

Gaia und der Drache sind eins!

Bekannte Drachen

Schauen wir uns nun einige der bekanntesten Drachen und die mit ihnen verbundenen Mythen näher an.

Fafnir

Im nordischen Mythos ist Fafnir (oder auch Fefner, wörtlich: der Umarmer) ein Drache, der geradezu den Prototyp des schätzehütenden Ungeheuers darstellt. Ursprünglich war Fafnir der Sohn des Zwergenkönigs Hreidmar. Sein Bruder Otr, der sich tagsüber in die Gestalt eines Otters verwandelte, wurde von den Göttern Loki und Odin auf der Jagd getötet und gehäutet. Doch Hreidmar, Fafnir und sein zweiter Bruder Reginn nehmen die Götter gefangen und verlangen Wergeld (Lösegeld) als Buße für den Tod Otrs. Sie sollten so viel Gold herbeischaffen, dass die Haut des Otters damit gefüllt werden kann. Doch wächst die Otterhaut mit jeder Handvoll Gold, mit der man sie versucht zu füllen. Auf diese Weise häuft der Zwergenkönig Hreidmar ungeheure Mengen Gold an. Darum besorgt Loki vom Herrn des Zwergenvolks der Nibelungen durch Erpressung einen Schatz, der auch den Ring der Nibelungen enthält. Doch Alberich verflucht den Ring: Wer den Ring trägt, stirbt eines gewaltsamen Todes.

Hreidmar streift den Ring über, und Fafnir wird von der Gier nach den Reichtümern übermannt. Er erschlägt seinen eigenen Vater, um so das Gold für sich allein zu haben. Diese Gewalttat veränderte das Äußere Fafnirs, und er verwandelte sich in den Drachen, der den Schatz der Nibelungen bewachte.

Reginn, der Bruder Fafnirs, ermuntert Sigurd, Fafnir zu töten. Sigurd hebt eine Grube aus und ersticht mit seinem Schwert Gram Fafnir, so dass sein Blut in die Grube fließt. Als Sigurd vom Blut und Herzen des Drachen kostet, versteht er die Sprache der Vögel (siehe das Märchen »Die weiße Schlange«). So hört er, dass der Schmied Mime ihn töten will. In einer Variante der Sage badet Siegfried im Drachenblut und wird so unverwundbar – bis auf die Stelle am Rücken, auf die ihm ein herzförmiges Lindenblatt fiel und die deshalb vom Blut unbenetzt blieb. Die Rückseite des Herzens ist so ein Symbol für die stetig verwundbare Stelle des Menschen, für jenes verletzbare innere Selbst.

Der Drache Fafnir aber selbst ist eine Verkörperung der Urkräfte der Erde: Die Sprache der Tiere verstehend, das Fleisch unverwundbar machend, hütet er die Schätze der Erde. Wie in der christlichen Eucharistie, in der das Blut Christi den Trinkenden transformiert, transformiert das Blut des Drachen als Urkraft der Erde den, dessen Lippen es benetzt. Im nordischen Mythos ist diese Urkraft durch die Gier des Menschen bereits verdorben, und so wird Fafnir zum Untier, zum Ungeheuer.

Hydra

Die fruchtbare Landschaft von Lerna wurde von einem Drachen bedroht: Nahe der Quelle Amymone lebte der Drache Hydra, der die Ernten verwüstete. Hydra hatte zahlreiche Schlangenköpfe – je nach Bericht zwischen fünf und tausend, und wenn ihr einer dieser Köpfe abgeschlagen wurde, so wuchsen an seiner Stelle zwei neue.

Der griechischen Mythologie nach war die Hydra von Lerna die Tochter des Drachen Typhon, dessen hundert Köpfe Feuer spuckten, und des weiblichen Drachen Echidna, einer Schlange mit Frauenkopf. Ihre Geschwister waren der vielköpfige Höllenhund Cerberos, die Chimaira und die Sphinx.

König Eurytheus verlangte von Herakles (Herkules), die Hydra zu bezwingen. Zunächst versuchte dieser es, durch das Fell des Nemeischen Löwen vor dem Gift der Hydra geschützt, indem er die Köpfe

Abb. 12: Herakles kämpft mit Iolaos gegen die Hydra, Hans Sebald Beham 1545

der Hydra mit seiner Keule zerschmetterte, doch die Köpfe wuchsen zahlreich nach. Sodann beschoss Herakles Hydra mit brennenden Pfeilen, um sie aus dem Versteck zu locken, und hieb ihr mit einem Schwert die Köpfe ab. Doch auch dies brachte nichts. Zudem sandte die eifersüchtige Göttermutter Hera (Herakles war aus einem »Fehltritt« des Zeus und der Alkmene entsprungen) einen Riesenkrebs, der die Füße des Herakles attackierte.

So sah Herakles ein, dass er es allein nicht schaffen konnte. Mit Hilfe seines Neffen Iolaos zertrat er den Krebs und schlug zeitgleich der Hydra die Köpfe ab, während Iolaos die Wunden ausbrannte, so dass die Köpfe nicht nachwachsen konnten. Zuletzt blieb nur das »unsterbliche Haupt« der Hydra. Als Herakles dieses abschlug, starb der Drache schließlich.

Das Sternbild Hydra (Wasserschlange) ist das ausgedehnteste Sternbild des Nachthimmels. Es erstreckt sich unterhalb der Sternbilder Krebs (Cancer), Löwe (Leo) und Jungfrau (Virgo). Wir erkennen hier schon mythologisch den Bezug zum Fell des Nemeischen Löwen, das Herakles trägt, und den Krebs, der Herakles attackiert. Das Sternbild Herkules (Hercules) selbst ist das fünftgrößte Sternbild des nördlichen Himmels. Es befindet sich in der Nähe der »Nördlichen Krone«. Die Sternbilder Hydra und Herkules gehören mit zu den von

Ptolemäus beschriebenen Sternbildern. Hydra ist im Frühjahr bei uns nahe dem südlichen Horizont zu sehen.

So kann der Kampf des Herkules gegen die Hydra auch als eigentlich aussichtsloser Kampf gegen die Naturrythmik verstanden werden, denn wie oft Hydra auch erschlagen wird, sie wird jedes Frühjahr erneut am südlichen Horizont auftauchen.

Der rote Drache von Wales

Wales trägt seit 1807 einen roten Drachen auf weißem und grünem Grund in seiner Flagge. Zudem lautet der walisische Wahlspruch Y Ddraig Goch ddyry cychwyn (der rote Drache geht vor). Dieser rote walisische Drache ist mit einer Legende verbunden:

In den Bergen von *Snowdonia* in Nordwales erbaute der König *Vortiger* eine Burg mit einem Turm. Sie sollte ein Bollwerk gegen die Sachsen sein. Doch so oft Vortiger den Turm auch befestigen ließ, er stürzte immer wieder ein. Wahrsager rieten dem König, ein vaterloses Kind zu finden und mit dessen Blut die Mauern zu bestreichen, damit sie standfester würden. Tatsächlich fand man dieses Kind und brachte es vor den König. Nach der Historia Britonum aus dem 9. Jahrhundert soll es sich um *Ambrosius* gehandelt haben, dessen Vater ein römischer Konsul gewesen sein soll. Doch die Legende besagt andererseits auch, dieses Kind sei *Merlin* gewesen.

Das weise Kind nun wollte sein Leben erkaufen, indem es Vortiger den wahren Grund für den Einsturz der Mauern sagte, und der König willigte ein: Ambrosius/Merlin erklärte, der wahre Grund für das Schwanken des Turmes sei ein Sumpf unter der Burg, in dem zwei Drachen lebten, ein roter und ein weißer. Die Bewegungen der Tiere würden die Mauern erzittern lassen. So ließ Vortiger graben und den Sumpf trockenlegen. Tatsächlich traf man auf die beiden Drachen, die erwachten und sich sofort aufeinander stürzten.

Dies hatte Ambrosius/Merlin ebenfalls prophezeit: O weh, das Ende des Roten Drachen ist nahe! In seiner Höhlenwohnung wird sich der Weiße Drache einnisten, hinter dem sich nichts anderes verbirgt als die Sachsen, die du hergeholt hast. Der Rote Drachen steht für das

Volk der Briten, die der Weiße Drache besiegen wird: Denn die Berge und Täler Britanniens werden ineinanderfallen und die Bäche und Flüsse sich in Blut verwandeln. Doch am Ende, so das Kind, würde der rote Drache den weißen überwinden.

Genau hier gehen die Legenden auseinander. Die walisische Version besagt, dass der rote Drache für die keltischen Briten stünde und den weißen Drachen am Ende doch bezwang. Darum der rote Drache in der Nationalflagge von Wales, der für den Mut und das Durchhaltevermögen stehe. Es gibt aber auch Mythen, die sehen einen Zusammenhang mit der Arthussage. Hier verbrennt der weiße Drache am Schluss den roten, denn der König Vortiger sei ein Usurpator und der wahre König der Briten sei Uther Pendragon (der Vater Arthurs). So wie der weiße Drache den roten überwunden hätte, würde Uther Vortiger bezwingen.

Wir erkennen, dass schon früh Mythen für Propagandazwecke so oder so ausgedeutet und abgeändert wurden. Befreien wir die Sage von politischen Ambitionen, so erkennen wir erneut das Ringen zweier Kräfte: der kosmisch-geistigen (weißen) und der irdisch-vitalen (roten). Wer gewinnt, ist eine Frage der inneren Haltung: das geistige Prinzip (weiß), dem auch im Gralsmythos gehuldigt wird, oder das rote Vitalkraftprinzip, das sich Wales zu eigen machte.

Nidhöggr

Der Drache Nidhöggr (»der grimmig Schlagende«, Nid = Neid, eine soziale Stigmatisierung) entstammt der germanischen Mythologie. Ihr zufolge ruht der Drache zwischen den Wurzeln des Weltenbaumes Yggdrasil und zwar in jenen Wurzeln, die nach Niflheim führen. Dort bewacht er die Quelle Hwergelmir (»brodelnder Kessel«). Im germanischen Schöpfungslied Völuspá wird Nidhöggr sowohl als nadr »Schlange« als auch dreki »Drache« bezeichnet, wie wir dies auch schon an anderen Beispielen sahen.

Dem Mythos nach lebt Nidhöggr von den Toten, die gemordet, gelogen oder Ehebruch begangen haben. Bereitet ihm die Verdauung dieser Toten Magengrimmen, so beginnt er an den Wurzeln des

Weltenbaumes zu nagen. Dies könnte die Stabilität der ganzen Welt gefährden, doch die drei Nornen Urd, Verdandi und Skuld heilen die Verletzungen an den Wurzeln des Baumes mit einer Paste aus Schlamm – so bleibt das Gleichgewicht erhalten.

Nidhöggr stellt auch den Gegenpol zum Adler (Habicht) Vedrfölnir (der Sturmbleiche) dar, der im Geäst des Weltenbaumes lebt. Zwischen ihm und Nidhöggr trägt das Eichhörnchen Ratatöskr (verfälschte) Botschaften hin und her.

Unser Wissen über das mythologische Weltbild der germanischen Völker beruht auf Schriftquellen, die zwischen dem 8. und 13. Jahrhundert entstanden: auf dem Lied Grimnismál, dem Schöpfungslied Völuspá, der Snorri-Edda und anderen. Die Aufzeichnung entstand also zu einer Zeit, als das Christentum sich bereits stark ausgebreitet hatte, und unzweifelhaft haben christliche Vorstellungen die schriftlichen Aufzeichnungen beeinflusst und verändert: Die moralische Komponente, dass Nidhöggr jene Toten frisst, die Schuld auf sich geladen haben, gehört sicherlich zu einem solchen christlichen Einfluss. Es ist wahrscheinlich, dass ältere Mythen hiervon noch frei waren.

Wir erkennen in Nidhöggr eine Urkraft, die stark chthonische (erdbezogene) Züge trägt und eine Polarität darstellt zum eher geistig-kosmischen Wesen des Adlers (Habichts) Vedrfölnir, wie wir dies ja im Kapitel »Der Vogel und die Schlange« sahen. Hier, im Erdenraum, werden auch die Seelen der Ahnen aufgenommen, und eng mit ihnen verbunden ist die Fruchtbarkeit der Erde, die in der Quelle Hwergelmir symbolischen Ausdruck erhält. Nidhöggr bewacht daher (ursprünglich) die Quelle der Erdfruchtbarkeit und die Welt der Ahnen – den Zugang nach Niflheim. Er stellt jenen Urkraftaspekt der Erde dar, der – symbolisiert durch die sich häutende Schlange – auch die Wiedergeburt in sich trug. Auch bei den Germanen (wie bei vielen indogermanischen Völkern) steht die Fähigkeit der Häutung und damit der symbolischen Wiedergeburt unter anderem für das Sterben und die Wiedergeburt der Vegetation mit den Jahreszeiten und nicht zuletzt dadurch auch für die der menschlichen Seele.

Die Schlange oder der Drache stehen in vielen Mythen in enger Verbindung zum Weltenbaum, der *axis mundi*, der Weltenachse, die

Kosmos und Materie verbindet: Und in vielen Mythen steht diese Drachenschlange in Polarität zu einem Vogel, meist einem Adler: die indische Naga in Polarität zum Adler Garuda, der Drache Ladon am Baum der Hesperiden – und nicht zuletzt auch im jüdisch-christlichen Mythos die Schlange am Baum der Erkenntnis und/oder des Lebens.

Damit stellt Niddhöggr das Musterbeispiel eines Drachen im matrifokalen Vorstellungsbild dar, das durch die patriarchale Kultur der späteren Germanen und schließlich durch das Christentum die Wandlung erfuhr: vom Hüter der Lebenskraft und der Ahnen zum Verschlinger der Sünder und Zerstörer der Weltordnung wurde.

Apophis

Apophis ist die ägyptische Verkörperung von Chaos, Finsternis und Auflösung. In Ägypten wurde er mit Naturphänomenen wie Stürmen und Erdbeben in Verbindung gebracht und spiegelt damit den Drachen als Symbol der Urkraft wider. In der ägyptischen Mythologie, in der er bis zurück ins Mittlere Reich belegbar ist, lebte Apophis in Gestalt einer riesigen Schlange (manchmal aber auch als Schildkröte) seit Anbeginn der Zeit im Meer des Urchaos, das bereits vor der Schöpfung existierte.

Der große Widersacher des Schlangen-Drachen Apophis ist der Sonnengott Re. Am Tage fuhr dieser in seiner Sonnenbarke über den Himmel und erfüllte die Welt mit Licht. Doch wenn Re hinter dem Horizont versank, so durchreiste er die Unterwelt. Hier versuchte Apophis jede Nacht, Re samt seiner Sonnenbarke zu verschlingen. Jeder Sonnenaufgang verkündete somit den erneuten Sieg des Re über den Drachen Apophis, und das Rot der auf- und untergehenden Sonne kündete vom blutigen, erbitterten Kampf der beiden Kontrahenten. Sonnenfinsternisse zeigten jene kurzen Augenblicke, wenn Apophis Re zu verschlingen suchte.

Inschriften im Esna-Tempel zufolge wurde Apophis aus dem Speichel der Urgöttin Neith geboren (in der Neith-Kosmologie gelten Re und Apophis als Brüder). Da die Götter ihn verabscheuten, schwor

Apophis Rache am Weltenschöpfer Re. Doch auch andere Götter stehen Re im Konflikt mit Apophis bei: Isis, die Re begleitet, lenkt der Drache ab, und Bastet köpft ihn. Doch Apophis kann seinen Körper wieder zusammenfügen, und so beginnt der Konflikt zwischen Urchaos und Schöpferkraft, zwischen Bewusstsein und Unbewusstem, zwischen Tag und Nacht ewig neu – ein Konflikt der viele Parallelen zum Osiris-Seth-Konflikt hat.

Nessie

Die Legende um »Nessie«, den Wasserdrachen aus der größten Süßwasserfläche der schottischen Highlands – Loch Ness (Gälisch »See des Ungeheuers«) – ist bereits viele Hundert Jahre alt. Im Jahr 565 soll ein Schüler des irischen Mönches und Missionars *Columban* den See durchschwommen haben. Da tauchte der Drache auf »mit lautem Gebrüll und aufgerissenem Maul«. Am Ufer standen die Menschen vor Schrecken starr, doch der heilige Columban eilte herbei, schlug das Kreuz, rief den Allmächtigen an und rief: »Wage es nicht, näherzukommen oder diesem Mann etwas anzutun, weiche!« Da tauchte Nessie ab und soll seither friedlich im Loch Ness existieren, ohne Schaden anzurichten. Oft soll es aber gesehen worden sein.

In den 1930er Jahren machte der von den Anwohnern liebevoll Nessie getaufte Wasserdrache erneut Schlagzeilen. Dr. Robert Wilson veröffentlichte eine Fotografie, die die Silhouette eines langhalsigen Tieres zeigte, das an einen Plesiosaurus erinnert. Fast 60 Jahre lang wurde das Foto von vielen Menschen für authentisch gehalten und als Beweis für den Wasserdrachen gesehen. 1994 gab jedoch der Schwiegersohn von Dr. Wilson zu, dass es sich tatsächlich um eine Attrappe gehandelt haben soll, die aus großer Entfernung aufgenommen wurde.

Zentrum des Nessie-Tourismus ist *Drumnadrochit*. Die Sage um den Wasserdrachen und die immer wieder auftauchenden Augenzeugen haben Loch Ness zum wohl berühmtesten See Schottlands gemacht. Viele Theorien kursieren, die die Sichtungen erklären wollen:

Einige sehen in Nessie tatsächlich einen überlebenden Saurier, andere halten den Drachen für einen riesigen Stör, von denen es tatsächlich in den Flüssen der Umgebung gewaltige Exemplare gibt, und schließlich werden die Sichtungen auch mit Wasserstrudeln erklärt, die durch Beben des vulkanischen Seebodens ausgelöst werden. Durch den See zieht sich die Verwerfungszone der *Great Glen Fault*, die zu den größten des Landes zählt. Der italienische Geologe *Luigi Piccardi* erklärt mit den seismischen Aktivitäten auch die oft vernommenen merkwürdigen »Brülllaute«: Es handle sich dabei um das Grollen des Bebens. Im Original der Legende um Columban sei der Drache »cum ingenti fremitu« aufgetaucht: mit starkem Schütteln. Danach verschwand das Untier »tremefacta« – erzitternd – in den Fluten. Ein mögliches Indiz für die Kraft der Erde, die hier im See erlebbar wird.

Der Drache als Symbol der Urkräfte der Erde ist ein altes mythologisches Bild. Bereits die Pikten sollen dieser Kraft am Loch Ness im Bild eines Wasserpferdes gehuldigt haben: Ein Ort, an dem die Drachenkraft der Erde lebt.

Der Drache in der geomantischen Symbolik

Wir haben nun die grundlegende Symbolkraft der Schlange und des Drachens kennengelernt sowie einige Beispiele berühmter Drachengestalten beschrieben: Eng mit dem Topos der *axis mundi* – der Weltenachse – verknüpft, ist das Motiv des Drachens oder der Schlange. Wie schon einleitend beschrieben und dann im Folgenden ausgiebig dargelegt, waren Drache und Schlange der Erdmutter, der »Großen Göttin« geheiligte Tiere. Erst mit dem Wechsel zum Patriarchat wird die heilige Schlange zur Inkarnation des Bösen, und männliche Heroen bezwingen ihn: Herakles den Drachen Ladon, Jahwe den Urdrachen Rahab, Thor die Midgardschlange und dergleichen mehr.

Die Nomaden zogen einst mit dem Erddrachen mit, sie folgten der Spur der »Erdkräfte«. An den Orten, an denen sie haltmachten und heilige Stätten errichteten, existieren bis heute Drachensagen oder Ortsnamen wie Limburg oder Wurmlingen, die auf das drachenartige Tier des Lindwurms verweisen. Vergleicht man derartige Orte auf einer Landkarte, stellt man oft überrascht fest, dass diese sich auf einer schnurgeraden Linie befinden! Das althochdeutsche Wort für Drache war »track«, es bildet die direkte Beziehung zum englischen Begriff für Pfad oder Weg. Offensichtlich bezeichneten die »Drachenlinien« – zumindest geistige – Wege, die schnurgerade durchs Land liefen (nicht zu verwechseln mit dem spezifischen geomantischen Phänomen »Drachenlinie«, das gleich erörtert werden wird. Gemeint ist hier das »Alignement« mit der Symbolik der Drachenkraft. Dieses kann, muss aber nicht, dem geomantischen Phänomen einer Drachenlinie entsprechen).

Es sind darüber hinaus über derartige gerade Wege eine Fülle von Sagen bekannt, in denen Geister oder Untote auf geraden Wegen zwischen Friedhof und Kirche wandern. Oftmals gar findet man auf Karten Flurnamen, die direkt auf »Totenwege« verweisen. In Irland heißt es, die Feen würden sich entlang solcher geraden Linien bewegen. Diese in der Geomantie als »Leylines« bezeichneten Linien können somit als »Wege des Geistes« betrachtet werden. Ihre Beziehung zum Jenseits und zur Anderswelt wird offensichtlich, wenn man sich »Leylines« genauer betrachtet: Die »Ley« bei Knowlton in England kreuzt drei Grabhügel und führt ferner durch die Kirche von Knowlton; eine andere Leyline in Kairo durchquert neben acht Moscheen auch die Grabanlagen von El Muzaffar, Yüssef Bey und Hassan Sadaqa. Alle diese Anlagen befinden sich auf einem schnurgeraden Alignement, und viele Kirchen, die auf diesem stehen, sind Drachentötern geweiht.

Rothenburg und Luzern

Das Drachensymbol ist also zutiefst mit bestimmten, genau bezeichneten Orten verbunden. Bestimmte Orte scheinen der Drachenkraft näherzustehen als andere. Oft gibt es dabei sogar Objekte, die offenkundig existieren, aber mit mythischen Wesen in Beziehung gesetzt werden. Ein solches Objekt ist der Drachenstein von Rothenburg (Kanton Luzern), der heute im Naturmuseum Luzern zu sehen ist. Von diesem Drachenstein existiert folgende Sage:

> *Der Bauer Stempflin begab sich 1420 am schwülen und drükkend heißen Tag mit seinem Gesinde bei Rothenburg aufs Feld, um zu heuen. Sie beobachteten, wie sich von der Rigi her ein scheußlicher Drache näherte. Dieser senkte sich und flog ganz niedrig über die Bauersleute, um dann in Richtung Pilatus weiterzufliegen. Die Hitze und vor allem der Gestank, den das Fabeltier verbreitete, waren derart stark, dass der Bauer in Ohnmacht fiel. Als er sich erholt hatte, bemerkte er, dass der Drache in seiner Nähe etwas fallengelassen hatte. Neugierig geworden,*

gingen er und sein Gesinde auf die »ausgeschwitzte Masse« zu, die sie als geronnenes Blut deuteten. Stempflin stieß mit einem Stock in die sulzartige Masse, sodass diese auseinanderfiel. Er fand darin einen Drachenstein.

Abb. 13a: Der Drachenstein von Rothenburg/Luzern. Historischer Stich und der Stein im Museum

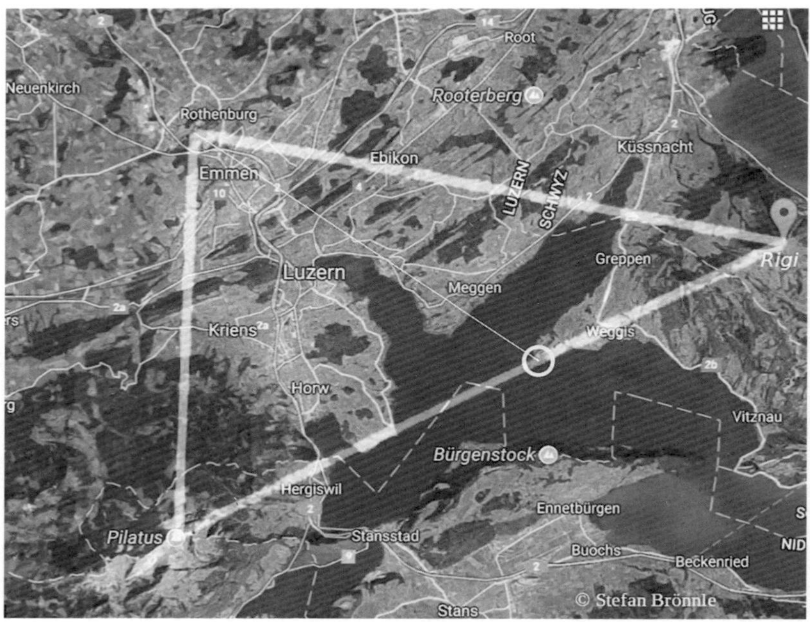

Abb. 13b: Landschaftsgeometrische Studie zwischen Pilatus, Rigi und Rothenburg

Dem Drachenstein wurde große Heilkraft nachgesagt. Bauer Stempflin soll den etwa billardkugelgroßen Stein mit nach Hause genommen und gereinigt haben. Geschwungene Zeichen sind darauf zu sehen, die sowohl an Wellen als auch an Flammen erinnern können. Oft wurde der Stein untersucht. Der Geschichtsschreiber Martin Schryber (1509 - 1531) nannte das Material »Drakonit«. Vermutungen gingen zunächst dahin, dass es sich um einen Meteoriten handeln könnte. Doch weitergehende Untersuchungen im 20. und 21. Jahrhundert mittels Computertomografie zeigten, dass der Stein ganz aus Ton gefertigt ist. Allerdings weist er eine leicht erhöhte Radioaktivität auf.

Die Flugrichtung des Drachen in der Legende lässt zunächst an eine geomantische Linie (Drachenlinie, Leyline) zwischen Rigi und Pilatus denken. Beide Berge sind mythologisch stark behaftete Berge östlich und westlich des Vierwaldstätter Sees. Der Pilatus gilt sogar als der örtliche Drachenberg schlechthin. Allerdings liegt Rothenburg nicht auf dieser Linie, sodass die in der Legende benannten Orte ein Dreieck bilden. Teilt man jedoch die Strecke zwischen Rigi und Pilatus im Goldenen Schnitt, so entspricht die Strecke dieses Teilungspunktes zum Pilatus der Strecke Pilatus-Rothenburg. Gibt also der Drachenstein eine Symbolgeometrie in der Landschaft wieder?

Basel

Ein anderer wunderbarer Ort, der mit dem Drachen verbunden ist, ist Basel. Verschiedene Legenden bringen Basel mit dem Basilisken, einer Variation des Drachens, in Verbindung: Bei der Gründung der Stadt soll angeblich ein Basilisk in einer Höhle beim jetzigen Gerberbrunnen gewohnt haben und so zu seinen Wappenehren gekommen sein. Da der Name Basilisk und Basilea für Basel auf Ähnlichkeit beruht, brachten die Einwohner diese zwei zusammen. Dennoch hat der Stadtname wohl in Wirklichkeit ursprünglich nichts mit einem Basilisken zu tun. Die erste nachweisliche Nennung der Stadt findet man in römischer Geschichtsschreibung. Nach einer anderen Version soll ein Kaufmann einen Basilisken nach Basel gebracht haben. Fest steht, dass 1474 in Basel (nach einem Tierprozess) ein Hahn zum Tode verurteilt wurde. Dem Hahn wurde vorgeworfen, er habe ein Ei gelegt, was wider die Natur war. Vor allem aber befürchteten die Basler, dass aus dem Ei ein Basilisk schlüpfen könnte. Der Hahn wurde nach ordentlichem Prozess enthauptet und das inkriminierte Ei den Flammen übergeben.

Das Baseler Münster besitzt dabei einen wunderbaren »Drachenstein« ein wenig abseits der Mittelachse im Fußboden – in den Farben Schwarz (Körper) – Weiß (Stein) – Rot (Kopf). Ein Kumulationspunkt des »Berg-« und des »Wasserdrachens« (um mal eine Feng Shui-Terminologie zu nutzen). Und auch in Basel steht der Drache in unmittelbarer Beziehung zu den drei Frauen: Drei Berge um Basel mit dem Baseler Münster im Zentrum sind den Heiligen Frauen St. Margarete, St. Odilie und St. Chrischona geweiht.

Abb. 14: Der Drachenstein im Boden des Baseler Münsters

Eine wunderbare symbolische Darstellung dieser Ortsqualität ist auch auf einem Säulenkapitell des Baseler Münsters zu sehen: Zwei Wesen mit Vogelkörpern und Drachenkopf – vermutlich eine Anspielung auf die Stadtsage des Baseler Basilisken – dringen durch die Ohren in den Körper ein, werden aus dem Mund ausgeatmet, um in die Erdentiefe abzusinken und sodann bis zu den Geschlechtsteilen wieder aufzusteigen. Das Ohr gilt als eine Analogie auf das ganze menschliche Wesen. Nicht umsonst wird in der Akupunktur das Ohr als ein Holon

Zur
Wirklichkeit
erwachen
NEUE ERDE

Ich betrachte das Bewusstsein als grundlegend. Ich betrachte die Materie als ein Derivat des Bewusstseins.

Max Planck

Liebe Leserin, lieber Leser!

Es ist immer wieder erstaunlich für mich, wenn ich – wie bei obenstehendem Zitat – auf Aussagen von hochangesehenen Wissenschaftlern stoße, die so gar nicht zu unserem heute vorherrschenden reduktionistisch-mechanistischen Wissenschaftsbild passen. Aber das ist die Realität: Beobachtetes und Beobachter befinden sich fortwährend in einer Wechselwirkung. Und das heißt, dass wir mit unserem Blick auf die Wirklichkeit eben diese Wirklichkeit gestalten.

Wirklichkeit ist, was wirkt, und nichts wirkt für sich allein, sondern in einem Gewirk, einem Gewebe, in dem alles mit allem verbunden ist.

Mit diesen Büchern geht es mir genau darum: Uns die Augen zu öffnen für all das, was auf uns wirkt, was durch uns wirkt und was wir bewirken – nicht zuletzt mit unseren Gedanken, unserem Bewusstsein, welches Ausgangspunkt dessen ist, was wir tun und damit bewirken.

Zu diesem Erwachen zur Wirklichkeit möchte ich Sie ermuntern, und wenn Ihnen das eine oder andere Buch dabei hilft, um so besser.

Herzlichst, Ihr

Andreas Lentz

Die Anmut der Einfachheit leben

Es könnte alles so einfach sein, wenn wir einsehen würden, dass genug genug ist. In diesem gehaltvollen Buch schreibt Satish Kumar über elegante Lösungen, die auf uns warten und unser Leben gut machen, wenn wir aufhören, alles zu verkomplizieren und immer mehr zu wollen. *Elegante Einfachheit* richtet sich an all jene, die aus der unerbittlichen Tretmühle von Wettbewerb und Konsum aussteigen wollen und stattdessen ein Leben anstreben, in dem die ökologische Unversehrtheit der Erde, soziale Gerechtigkeit sowie persönliche Ausgeglichenheit und Glück im Vordergrund stehen. *Elegante Einfachheit* bietet eine in sich stimmige Lebensphilosophie, die die Einfachheit des materiellen Lebens, des Denkens und des Geistes miteinander verbindet.

Satish Kumar
Elegante Einfachheit
Die Kunst, gut zu leben
Neue Erde

Buch-Trailer auf YouTube

Satish Kumar
Elegante Einfachheit
Die Kunst, gut zu leben
Klappenbroschur, 208 Seiten
ISBN 978-3-89060-834-1

anthropie als Deckmantel
ezügelten Kapitalismus
ismus und die Aushöhlung der Demokra-
g von Beiträgen, die aus verschiedenen
efahren der von Konzernen und
triebenen philanthropischen
Das Buch wurde von Vandana
enthält erhellende Beiträge
EIN GLOBALER BÜRGERBERICHT ÜBER DIE KONTROLLE VON TECHNOLOGIE, GESUNDHEIT UND LANDWIRTSCHAFT DURCH KONZERNE
VANDANA SHIVA
Vandana Shiva (Hrsg.)
rokapitalismus und die Aushöhlung der Demokratie
n globaler Bürgerbericht über die Kontrolle von Technologie, Gesundheit und Landwirtschaft durch Konzerne
Klappenbroschur, ca. 352 Seiten
ISBN 978-3-89060-835-8
Eine heilende Vision für Menschheit und Erde
Die Menschheit hat sich vom Netz des Lebens auf der Erde und von der Natur als Ganzes abgekoppelt. In diesem Leitfaden stellt Elizabeth E. Meacham ihre praxiserprobte Methode der schamanischen Ökotherapie vor, um diesen jahrhundertelangen Trend der Abkopplung umzukehren. Durch diese Praktiken lernen wir, wie wir uns wieder mit den Lebenssystemen der Erde verbinden und dazu beitragen, die Gesundheit und das Gleichgewicht der Menschen und des Planeten wiederherzustellen.
Elizabeth E. Meacham
Das Erdseele-Träumen
Neue Erde
Elizabeth E. Meacham
Das Erdseele-Träumen
Schamanische Praktiken für unsere Rückverbindung mit der Erde
Klappenbroschur, 272 Seiten
ISBN 978-3-89060-795-5

Abb. 15: Säulenkapitell im Baseler Münster

des Körpers verstanden. Im christlichen Kontext meint das Ohr den seelenhaften Leib: »Gaude virgo, mater christi, quae per aurem concepisti« (Freue dich Jungfrau, Mutter Christi, die du mit dem Ohr empfangen hast). Die »Empfängnis durch das Ohr« (*conceptio per aurem*) meint ein unmittelbares seelenhaftes Aufnehmen. Die Inspiration, die »Einhauchung« wird unmittelbar ganzseelisch aufgenommen. So auch in diesem Säulenkapitell: Die Ortskraft, symbolisch durch zwei basiliskenartige Tiere dargestellt, dringt unmittelbar in den Menschen ein und inspiriert ihn.

Sodann wird der von der Ortskraft durchwirkte Mensch zur Tat veranlasst, er »atmet« die Drachengestalten wieder aus. Ähnlich der göttlichen Einhauchung des Odems in Adam, wird hier der Mensch zum Schöpferwesen. Wie Gott dereinst den Odem in den ersten Menschen blies, haucht hier der Mensch die Ortskräfte, von denen er inspiriert wurde, wieder aus.

Die durch das menschliche Wirken transformierten Kräfte steigen zur Erde hinab, sie werden damit physisch-materiell. Die Schöpferkraft des Menschen materialisiert sich.

Von der Erde schließlich steigen die beiden Drachenköpfe wieder auf. Sie umschlingen die Beine und enden mit ihren aufgesperrten Mäulern direkt im Schoß. Der Ort in seiner Gesamtheit – die ursprüngliche Ortskraft, vom Menschen transformiert und in eine physische Form gebracht – wirkt nun seinerseits auf den Menschen zurück. Der Schoß, die Geschlechtsorgane, sind Symbole der Kreativität, und zugleich wird *gens*, das Geschlecht – einerseits der »Schoß«, andererseits die menschliche Erbschaftslinie – durch die Ortskraft beeinflusst.

So wird in dieser schlichten und zugleich tiefgründigen Darstellung die wechselseitige Befruchtung von Ort und Mensch dargestellt. Das Baseler Münster wird hier zu einer »formgewordenen Ortskraft« gefasst, die ihrerseits die Menschen des Ortes beeinflusst: ein wunderbares Symbol für das Zusammenwirken von Mensch und Erde.

Freisinger Dom

Tief in der Erde, in der Krypta des Doms zu Freising ist eine einzigartige Darstellung zu bewundern: Die Bestiensäule. 3 x 8 = 24 freistehende Säulen stehen hier. Die Acht ist eine Zahl der Verbindung zweier Welten, so waren sowohl Taufkapellen als auch Totenkapellen achteckig, weil sich hier zwei Welten trafen. Die Drei steht für die Ganzheit des Menschen, für Körper, Seele und Geist. Am Weltenbaum zeigt sich die Drei in den drei Welten, der unteren, der mittleren und der oberen. Körper, Seele und Geist verbinden sich an diesem Ort im Dies- und im Jenseits.

24 Säulen, 12 Stunden des Tages und 12 Stunden der Nacht versinnbildlichen das Leben und den Tod, die Wachheit und den Schlaf, das helle und das dunkle Prinzip… und in der Mitte steht die sogenannte Bestiensäule: Im Westen der Säule streben Drachen auf, im Osten sitzt eine Frau mit spiraligen Zöpfen. Sie hält eine Pflanze in der Hand. Die etwas banal erscheinende christliche Deutung ist, dass die Drachen – natürlich – das Böse symbolisieren. Die Frau sei die Jungfrau Maria und die »Blume« das zarte Pflänzchen der Kirche. Doch nach meinem Dafürhalten ist die Darstellung viel archetypischer:

Hier, wo sich die Welten begegnen, wo Licht und Schatten aufeinandertreffen, ist die »Mitte der Welt«. Im Westen strebt die Urkraft auf.

Abb. 16: Sogenannte Bestiensäule in der Krypta des Freisinger Doms

Drachen sind Urbilder der Urkraft der Erde. Die Schlange wechselt ihre Haut und regeneriert sich, sie trägt die Urkraft der Wiedergeburt in sich. Der Drache überhöht diese Kraft einmal mehr. Im Westen verkörpert er die Kraft des Irdischen. Auch zu Füßen der Frau auf der Ostseite sind Drachen zu sehen. Sie bilden die Basis ihrer Kraft und Macht. Die Frau ist niemand anderes als die Große Göttin selbst. Ihre Zöpfe sind spiralig gewunden. Die Spirale ist ein altes Lebenssymbol: Sie dreht sich ein und sie dreht sich aus.

In der Hand hält die Göttin nicht weniger als den Weltenbaum, der im Zentrum der Welt steht und die Ebenen der Wirklichkeit verbindet. Sie hütet, bewahrt und schützt den Baum. Ihr zu Füßen wird das Motiv des Weltenbaums noch einmal sehr deutlich wiederholt. Die dortige Darstellung gleicht die der Irminsul an der Kultstätte der Externsteine – ein palmenartiger Baum.

So zeigt die sogenannte »Bestiensäule« die Basis und den Kern unserer Welt, unserer Existenz: die Urkraft der Erde (Drache), die Große Göttin, den Weltenbaum, der die Ebenen der Wirklichkeit verbindet. So entsteht die Fülle (acht Säulenreihen) für Körper, Seele und Geist (Dreiergruppen der Säulen). Im Herzen des Dombergs wurde uraltes archaisches Wissen aus der Frühzeit des Christentums verkörpert und bewahrt.

München

In München gibt es gleich zwei Sagen, die eine »heilige Linie« bezeichnen: Die eine ist die vom Lindwurm, der sich auf dem Marienplatz niedergelassen haben soll, die andere die von den zwölf Aposteln,

Abb. 17: Sogenanntes Wurmeck am neuen Rathaus in München, dem Ort, an dem der Lindwurm aus der Erde gekommen sein soll.

die in den Quatembertagen (vier Bußtage der katholischen Kirche zu Beginn jeden Quartals) von der Heilig-Geist-Kirche zur Frauenkirche wandern sollen. Zieht man eine Linie zwischen den beiden Kirchen, so liegt das »Wurmeck«, das am neuen Rathaus durch einen Bronzedrachen gekennzeichnet ist, auf dieser Linie. Verlängert man die so entstandene Gerade nach Nordwesten, liegen auch St. Benno und St. Bonifaz auf dieser Linie. Nach Südosten verlängert liegen St. Wolfgang und Maria Ramersdorf – eine Wallfahrtskirche aus dem 11. Jahrhundert – auf dieser »Drachenbahn«. Auch hier steht also der Drache in Verbindung mit zwei Wallfahrtskirchen (Frauenkirche, Maria Ramersdorf), die der Muttergottes geweiht sind...

So könnte man weitermachen mit der bayrischen Stadt Murnau, dem Drachen von Klagenfurt, dem Drachenfelsen am Rhein, der Beatushöhle am Thunersee und vielen anderen mehr. Wir sehen: Drachensagen haben einen sehr deutlichen Ortsbezug. Eine Legende in Chartres besagt, es sei der Ort, an dem die »Wouivre«, die Erdschlange, im Boden wohne.

Darüber hinaus ist aber das Drachensymbol auch mit speziellen geomantischen Phänomenen verknüpft, von denen ich im Folgenden ein paar vorstellen möchte.

Drachenwege

Drachenwege sind ein Teil der Urkraftebene der Erde. Sie bestehen überwiegend aus Erdäther (also dem Erdelement zugewiesenen Äther gemäß den vier Elemente-Äthern) und sind oft mit alten Pilger- und Wallfahrtswegen verbunden. Entlang des Hauptstroms kann es zur Bildung von Seitenästen kommen, die sich einspiralisieren. An den Spiralmittelpunkten befinden sich dann häufig alte Kirchen oder vorchristliche Kultorte.

Der Begriff der Drachenwege wurde von *Johanna Markl* geprägt. *Marko Pogačnik* beschreibt Drachenwege in seinem Buch »Das geheime Leben der Erde« folgendermaßen:

Das mit der Ebene der Kernkraft verbundene Ernährungssystem gehört nicht zu den Lebensprozessen der Erdoberfläche. Wird es auf die Ebene des manifestierten Lebens gezogen, bewirkt es Tod und Zerstörung. Die europäische Geomantietradition kennt jedoch einen geheimen Pfad, auf dem diese Drachenkräfte die manifestierte Ebene des Lebens berühren können. Sie verweist auf die sogenannten Drachenwege, Pfade, auf denen sich die Drachen im Verborgenen durch die Landschaft bewegen. Sie hinterlassen eine Spur lebensspendender Kräfte, die von Lebewesen in der jeweiligen Umgebung, auch von Menschen, aufgenommen werden können.

Übersetzt in eine rationale Sprache, impliziert dieses mythische Bild, dass die unmittelbare Gegenwart nuklearer Kräfte, Grundlage der Lebenskraft, eine zerstörerische Wirkung hätte, würde man ihr direkt begegnen. Doch indem sie »auf der Rückseite der Erdoberfläche« einen ätherischen Abdruck hinterlassen, werden diese Kräfte zugänglich. Man kann diesen Abdruck als organischen Strom feuriger Energie wahrnehmen; er wirkt ähnlich wie ein unsichtbarer Fluss vulkanischer Lava, bleibt dicht am Erdboden und strömt in einem langsamen, majestätischen Rhythmus dahin.

Drachenwege können wir auch als Ströme der sexuellen Kräfte der Göttin Natur auffassen, sie befruchten alle Aspekte ihres Königreichs.

In vorchristlicher Zeit wurden oft Pilgerpfade entlang dieser Linien angelegt, um die Sexualkräfte der Erde und Gaias lebensspendende Kräfte zu feiern. Noch im Mittelalter folgte man dieser Tradition, indem viele Kirchen entlang solcher Drachenwege errichtet wurden, um ein ausreichendes Gleichgewicht zwischen den sexuellen Kräften der Erde und den spirituellen Kräften des Universums herzustellen.

Auch der Heilige Wolfgang steht vor allem mit prähistorischen Schalensteinen und kultischen Quellen in enger Beziehung. Der stets umherwandernde historische Mönch wird so als Stifter unzähliger Kirchen gesehen, die mit Quell- und Steinverkultung verbunden sind. Da die Stätten selbst sich oftmals aneinanderreihen wie Perlen an einer Schnur, ist die Theorie alter, bereits vorchristlich existierender Pilgerwege sehr gut belegbar. Insbesondere von Regensburg über

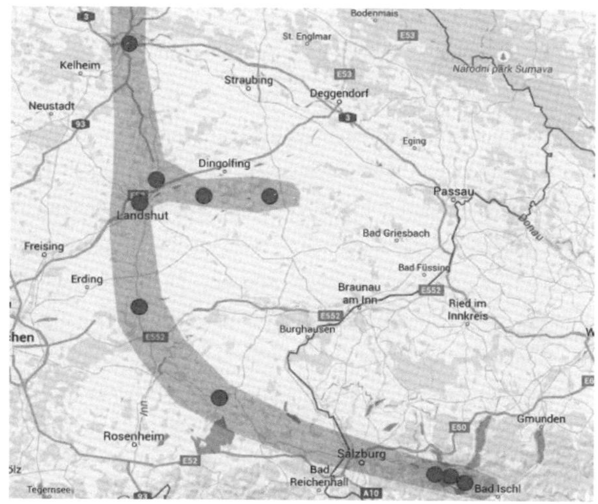

Abb. 18: Drachenweg mit Sankt Wolfgangskirchen in Süddeutschland

Landshut (mit einem Seitenarm Richtung Osten) und weiter nach Süden, um im Chiemgau nach Osten zu schwenken, führt ein gut belegbarer Weg mit St. Wolfgangs-Kirchen, die mit kultischer Quell- und Steinverehrung verbunden sind, über St. Gilgen am Wolfgangsee an der Nordseite des Sees über den Falkenstein bis nach St. Wolfgang am Wolfgangsee: geomantisch gesehen, ein Drachenweg.

Leylines

1. Der Begriff

In den 1920er Jahren entdeckte ein englischer Kaufmann, Alfred Watkins, dass auf den britischen Inseln prähistorische Kultstätten wie Steinkreise, Menhire oder Ringwallanlagen, ebenso wie Kreuzungen uralter Straßen und christliche Kirchen oft auf einer schnurgeraden Linie, einem sogenannten »Alignement«, lagen. Die Kirchen, befanden sich sehr häufig in Ortschaften, die mit dem Suffix »-ley« endeten wie etwa Hinckley, Camberley oder Crawley. Deshalb nannte er diese gerade Ausrichtung schlicht »Leys«.

»Ley« bedeutet so viel wie »Licht(ung)« oder »Brache« und ähnelt damit Ortschaften in Deutschland, die zum Beispiel mit »-rode« oder »rade« enden und auf Rodungen verweisen. Um dem Geheimnis dieser Benennung auf die Spur zu kommen, muss man sich zunächst fragen, wie eine Benennung überhaupt vor sich geht. Psychologisch einleuchtend ist, dass man Dinge nach ihrer Außergewöhnlichkeit benennt, um sie von anderen gleichartigen Dingen unterscheiden zu können: » Berg, mit dem großen Felsen« oder schlichter »Felsenberg«, »der grüne See« (nicht etwa der blau wirkende)... und so weiter. Darum mussten zur Zeit der Benennung dieser Ortschaften Lichtungen oder Rodungsinseln eher die Ausnahme gewesen sein. Dies weist darauf hin, dass die Ortschaften eher frühe Siedlungen darstellten. Im Altsächsischen bezeichnet »leia« oft einen Felsen (vergleiche zum Beispiel »Loreley«). Felsen sind natürlicherweise von Bewuchs frei, sonst würde man sie nicht als solche wahrnehmen, sie sind »licht«, »offen«.

Eine Theorie sieht daher die »-ley«-Orte als Orte an, an denen es natürlicherweise waldfrei war, die Wege zwischen diesen Ortschaften konnten dadurch leicht begangen werden, es waren sogenannte »Urwege«. So wird das Wort »Ley« (eigentlich »Weide«) in England manchmal als Slangausdruck für »Pfad« (im Sinne von »Feldweg«) verwendet. Wo aber herrscht Waldfreiheit? An Orten, die zu nass oder zu felsig für den Bewuchs sind. Diese Orte hätten sich aber wiederum nicht für die Besiedelung geeignet, denn man brauchte fruchtbaren Boden für die Landwirtschaft. Dies könnte die Theorie erklären, dass die Linie der Ausrichtung selbst, das Alignement, den Bewuchs hemmt, ohne die Umgebung negativ zu beeinflussen oder indem sie diese sogar fördert. Radiästheten bemerken jedenfalls, dass auf den von Watkins bezeichneten »Leys« ihre Rute heftig ausschlug: Die energetischen Leylines waren entdeckt.

2. Das Phänomen

Der Begriff der Leyline gehört mit zu den am häufigsten verwendeten Begriffen in der Geomantie. Zunächst wird damit einfach ein Alignement, eine Aneinanderreihung bedeutsamer Orte auf einer Geraden beschrieben. Radiästheten stellten aber auch Ruten (oder Pendel-)

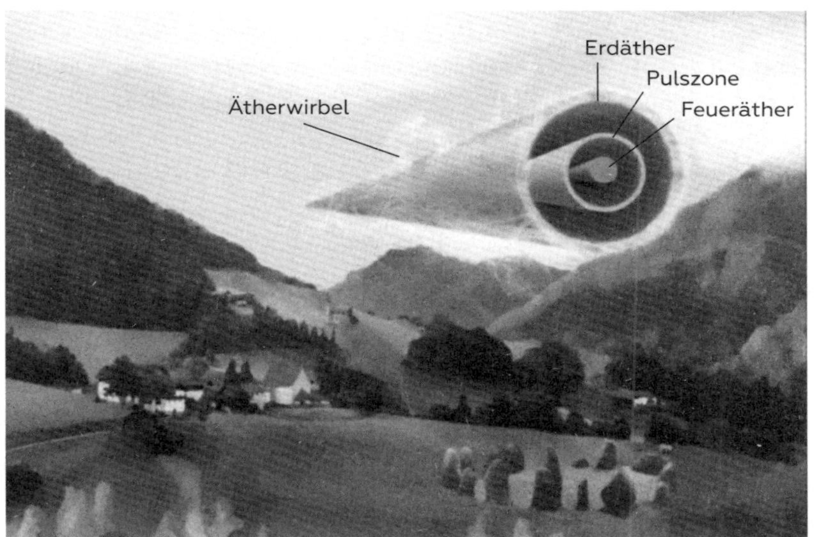

Abb. 19: Schematische Darstellung einer Leyline

Reaktionen auf den kartografisch ermittelten Linien fest. Die Struktur der gefundenen radiästhetischen Reaktionszonen unterscheidet sich dabei gravierend voneinander, so dass strukturell von verschiedenen Phänomenen ausgegangen werden muss. Mit dem Begriff der Leyline verwandte oder ihm nahestehende Begriffe sind zum Beispiel Drachenlinie, Energielinie, Erdmeridian, Margarethenlinie, Geomantische Zone, und viele andere. Somit unterscheidet sich der Urbegriff der Ley vom energetischen Phänomen, das damit benannt wird.

3. Der Drache

Da die Kirchen, die ein Alignement bilden und somit auf einer Leyline stehen, außergewöhnlich häufig Drachentöter als Patrozinien – St. Georg, St. Michael, St. Beatus, St. Margarethe und so weiter – aufweisen, ist die Leyline zutiefst mit dem Drachensymbol verbunden. Man könnte sogar sagen: Eine Ley *ist* ein liegender Drache! In diesem geomantischen Phänomen erhält die lebensspendende Urkraft der Erde einen formgegebenen Ausdruck: Das energetische Phänomen der Leyline ist ein im wesentlichen ätherisches Phänomen, das über einige Kilometer, manchmal über viele hundert Kilometer kartografisch betrachtet geradlinig verläuft, in der Detailbetrachtung aber durchaus leicht ondulieren kann. Der Kernbereich der Leyline ist röhrenförmig, wobei starke Ätherverwirbelungen im Außenbereich hinzukommen können. Im ätherischen Feld des Kerns werden häufig geistige Informationen mittransportiert, die in den auf dieser Linie stehenden Kirchen als wiederkehrende Symbole oder Themen auftreten können.

Am bekanntesten ist wohl die von Jens M. Möller beschriebene »Grals-Linie«, die Europa in Ost-West-Richtung durchquert und an der sich Orte aufreihen, die auf die eine oder andere Weise mit dem Gralsmythos verbunden sind, wie etwa die Kirche in der kleinen Ortschaft Wolframs-Eschenbach, aus der auch der berühmte deutsche Dichter des Parzivals stammen soll.

Bezogen auf die Sakralarchitektur stellen Leylines großräumige Phänomene dar, die verschiedene Kultstätten ebenso energetisch wie geistig-seelisch miteinander verbinden, so, wie verschiedene Akupunkturpunkte auf einem Meridian. Der Vergleich mit der Kundalini im Rückenmarkskanal ist in der Tat sehr treffend. Drückt doch auch diese einen Linienbezug von hoher energetischer Kraft aus, der Geist zu transportieren und zu transformieren versteht. Insofern könnte man Leylines als »Kundalinikanäle« des Erdorganismus bezeichnen.

Drachenlinien

Das Phänomen der »Drachenlinien« in der Geomantie zeigt sehr anschaulich, dass die Begrifflichkeiten in der Geomantie weit davon entfernt sind, einheitlich zu sein. Begriffe wie »Leylines« werden einerseits für ganz unterschiedliche Phänomene genutzt, andererseits werden die gleichen Phänomene mit unterschiedlichen Begriffen besetzt. Letzteres wird im Phänomen der Drachenlinien deutlich:

Marko Pogačnik nutzt den Begriff »Drachenlinie« für das unten beschriebene Phänomen etwa seit 1997, vorher verwendete er den Terminus »geistige Leyline«. Der Geomant *Hans-Jörg Müller* nutzte dagegen für dasselbe Phänomen seit Anfang der 1990er Jahre die

Benennung »Margarethenlinie«, da es in der gemeinsamen Forschung zunächst an einer der Heiligen Margarethe (eine Drachenbezwingerin) geweihten Kirche auffiel und somit ins Bewusstsein trat. Der für dieses Phänomen genutzte Name »Drachenlinie« dagegen stammt aus der Terminologie der Geomantin *Johanna Markl.*

Was ist eine Drachenlinie?

Wie Leylines verlaufen auch Drachenlinien kartografisch betrachtet über viele Kilometer geradlinig (im klassischen Sinne handelt es sich daher definitionsgemäß auch um »Leys«). Im Gegensatz zur Leylinie (von *Marko Pogačnik* als »Kraft-Ley« bezeichnet), ist eine Drachenline jedoch sehr viel geistiger. Ätherstrukturen sind nur wenige vorhanden.

Die auf den Drachenlinien liegenden Orte sind sehr oft seit sehr langer Zeit von Menschen kultisch genutzt. Megalithische Reste (Menhire, Dolmen) und Sagen mit starkem matrifokalem Bezug (Verehrung der »Großen Göttin«) sind keine Seltenheit. Auch fällt ins Auge, dass Kirchen, die auf diesen Linien liegen, sehr häufig (wenn natürlich auch nicht immer) weiblichen Heiligen geweiht sind.

Drachenlinien sind sehr stark auf der »Urkraftebene der Erde«, also dem geistigen Urraum der Erde angesiedelt. Wir sind daran gewöhnt, der physischen Erde den geistigen Kosmos entgegenzusetzen, aber auch die Erde besitzt in sich einen geistigen Raum. Vergleicht man Leylines mit dem Kundalinikanal, so wären Drachenlinien wohl so etwas wie geistige Verbindungen, wie Assoziationen, die im geistigen Raum untereinander verbunden sind.

Obgleich beide geomantischen Phänomene sehr nah beieinanderliegen, könnte man die Leyline eher als den Kraftaspekt (oder roten Aspekt), die Drachenlinie dagegen eher als Geistaspekt (oder weißen Aspekt) bezeichnen. Gerade an weiblichen Heiligtümern kommen meinen Forschungen nach häufig beide Aspekte zusammen, oft kreuzen sich hier Drachenlinie und Leyline. So kommt es in den Tempelanlagen von Hagar Qim und Mnajdra auf Malta zu einer Kreuzung von Ley- und Drachenlinie. Es spielen vitalenergetisch-körperliche (Ley) und erdkosmisch-geistige Systeme (Drachenlinie) zusammen und durchdringen sich. Aber auch in Kirchen wie der Marienwallfahrtskirche in

München-Thalkirchen oder auch der Münchner Frauenkirche (ebenfalls eine Marienwallfahrts-Stätte) begegnen sich Kraft- und Geistaspekt der Erde in Form einer Ley- und einer Drachenlinie.

Drachenlinien bieten dem Menschen die Möglichkeit eines unmittelbaren Zugangs zum geistigen Urraum der Erde, zum Erdenkosmos, ja zum Erdbewusstsein.

Drachenlinien – Die innere Sicht

Drachenlinien stellen wie Leylines ein Netzwerk auf der Erde dar. Während Kraftleylines eher (aber nicht ausschließlich) in der vitalenergetischen Wirkung präsent sind, sind Drachenlinien auf der geistigen Urkraftebene der Erde angesiedelt.

In einem meiner Seminare der Geomantieausbildung »Gaias Körper – Der Weg der Erdenhüter« habe ich für die TeilnehmerInnen eine Trance auf der Basis einer Wahrsagehaltung (nach Felicitas Goodman) zu den Drachenlinien angeleitet: In einer speziellen tranceinduzierenden Körperhaltung und begleitet vom Takt der Trommel verbanden sich die TeilnehmerInnen mit den Drachenlinien, um diese sozusagen von innen heraus zu erfahren. Das Folgende ist ein Zusammentrag ihrer Erfahrungen.

1. Drache und Schlange

Des öfteren wurden Drachen und Schlangen wahrgenommen. Die Erfahrungen reichten von einem mächtigen Drachenauge über eine Schlange mit Krone, die sich durch das Wasser schlängelte, Ritten auf Drachen, bis hin zu der Erfahrung, selbst als Drache zu fliegen. Hierin taucht das mythologische Bild des Drachens (der Schlange) auf, das auch namengebend für diese Urkraftlinien auf der Erde ist. Der Drache als Kultur- und Bewusstseinsbringer ist tief im kollektiven Unbewussten verankert.

2. Die Farben

Die wahrgenommenen Farben zeigten sich überwiegend in einem Spektrum von Weiß bis Blau. Einerseits wurde zum Beispiel eine Linie aus weißen Frauen gesehen, die sich auf einer weißen Linie bewegten, andererseits eine weiß-feurige Schnur, aber auch blaue und weiße Wirbel. Bläuliche Fäden bildeten ein Netz. Daneben wurden Feuerwirbel, Glut und Lava gesehen. Ich selbst nahm die Innenansicht der Drachenlinie als einen Tunnel aus Licht wahr und empfand es als »Seelenfeuer«. Das Licht pulste nach außen.

3. Das Netzwerk

Die Drachenlinien besaßen in der Wahrnehmung einen deutlichen Netzwerkcharakter. Zum einen war dies schlicht ein Netz aus Energielinien beziehungsweise sich verzweigende Energielinien oder Bahnen aus dunklem Wasser. Ich selbst sah zunächst eine Gestalt (Gaia), die in ein feines Tuch mit unregelmäßigem Webmuster gehüllt war. Dieses Tuch senkte sich über die Landschaft, und dort, wo die einzelnen Fäden den Boden berührten, leuchtete die Erde auf.

Ein anderes Bild war ein Netzwerk aus Büchern, eine »Weltenbibliothek«. Eine Teilnehmerin sah zunächst Galaxien im Weltall, die unter sich vernetzt waren. Dieses »Sternenbewusstsein«, die Informationen aus diesem kosmischen Netzwerk, flossen in das Netzwerk der Erde ein. Wir erleben die Drachenlinien als ein System tiefen inneren kosmischen Wissens, über das die Erde mit dem Kosmos verbunden ist.

4. Die Wunden

Zahlreich wurden aber auch die Schädigungen des Netzwerks durch den Menschen wahrgenommen. In meinem Fall war das Tuch, in das Gaia gehüllt war, mit Brandlöchern durchsetzt, die das Gewebe störten. Andere sahen ebenso Löcher im Gewebe, durch die die Energie abfloss, und bemühten sich während der Trance, diese Löcher zu schließen. Auch wurden »abgeschnittene Bereiche« wahrgenommen, die wie durch einen »Code«, ein überschreibendes Programm, blokkiert waren. Hierin zeigt sich die Wirkung des Menschheitskollektivs, das sich in großen Teilen vom Erdbewusstsein abgekoppelt hat und die Natur und das geistig-energetische Gewebe Gaias stört.

Erstaunlich war tatsächlich die große Übereinstimmung der Bilder und Erfahrungen, die eine rein radiästhetische Erfassung der geomantischen Linien niemals zutage gebracht hätte.

Seelenwege

Vor langer Zeit hatte einmal ein Mann um Mitternacht im Keller zu tun. Da wälzte sich aus einer Ecke eine große Schlange auf ihn zu. In dem aufgerissenen Rachen trug sie einen Schlüssel. Die rote Zunge schnellte vor und zurück, zischend und fauchend kam sie näher. Obwohl ihm die Knie schlotterten, überwand er seine Angst und riss ihr den Schlüssel aus dem Maul. Da wurde es plötzlich im Keller ganz hell, er sah eine Tür im Keller und sperrte sie auf. Dahinter befand sich ein langer Gang. (!) Je weiter er ging, um so heller fingen die Wände zu strahlen an, mit jedem Schritt wurde das Leuchten stärker, er kam sich vor, wie von einer ungeheuren Glut umgeben. Am Ende des Ganges wartete in einem großen Saal voller Schätze eine arme Seele, um erlöst zu werden. Nach einigen Schritten aber verließ den Mann der Mut, er stürzte Hals über Kopf zurück. Als er den Keller erreichte, gab es einen dumpfen Knall, die Tür fiel zu und er stand in völliger Dunkelheit. Die Aussicht auf die großen Schätze ließ ihm aber keine Ruhe und am nächsten Tag ging er wieder in den Keller, in der Hoffnung, dass sich um Mitternacht die Tür öffnen werde.

In der Früh fand man ihn tot bei der Kellertür.

Diese wunderbare Sage aus dem Waldviertel in Österreich enthält sowohl Elemente einer Nahtoderfahrung, wie den leuchtenden Tunnel, als auch das Symbolmotiv der Schlange, die den Schlüssel trägt. Der Zugang ist unterirdisch, also erdennah, ein symbolischer Verweis darauf, dass dieser Weg in eine erdennahe Jenseitssphäre führt – in den Saal voller Schätze. Diese Sage ist Bestandteil einer ganzen Reihe von Jenseits-Sagen wie etwa der »Wilden Jagd« aus dem Waldviertel in Österreich. Markiert man die Sagenorte auf einer Karte, so wird ein mäandrierendes Band sichtbar: ein sogenannter Seelenweg.

Seelenwege verbinden verschiedene erdensphärennahe Jenseitsräume (»Ahnenplätze«) miteinander und werden in gewissen Abständen von Einstrahlpunkten und Engelsfokussen berührt. Natürlich kann sich auch ein nichtinkarniertes Bewusstsein bewegen, wie es ihm beliebt. Seelenwege werden jedoch von geistiger Kraft »durchlichtet«. Stellen Sie sich vor, sie wären nachts allein im Wald. Natürlich können Sie gehen, wohin es Ihnen beliebt, aber ein vom Mondlicht hell erleuchteter Kiesweg besitzt da schon eine starke Attraktivität gegenüber einem Gang durch den dunklen Wald. Ähnlich verhält es sich mit Seelenwegen. Sie sind vom Erdbewusstsein, eben der »Schlange«, und von den Impulsen der Engelsfokusse »durchlichtet«. Hier bewegen sich daher »Exkarnierte« deutlich lieber als andernorts.

Ebenso gibt es auch Nahtoderfahrungen, die von der Erfahrung berichten, horizontal fortbewegt zu werden. So gibt der Hypnotherapeut Dr. Michael Newton einen Auszug einer Sitzung mit Todeserlebnis wieder:

Dr. N.: Können Sie genauer beschreiben, wie sich Ihre Seele diesen sich krümmenden Kontaktlinien entlang bewegt?

K.: Es ist einfach zielgerichteter... als ob meine Seele auf einer Linie irgendwohin geleitet wird. Es ist, als wäre ich in einem Strom weißen Wassers... nur nicht so dicht wie Wasser... denn die Strömung ist leichter als Luft.

Diese Erfahrung deckt sich sehr mit meinen Wahrnehmungen in Seelenwegen. Seelenwege bestehen sozusagen aus »Seelenwasser«, das gleich beschrieben werden wird. Der Weg ins Jenseitige ist mit der Erdenschlange als Symbol eng verwoben. Wir hatten es schon mehrfach erwähnt: So wie die Schlange ihre Haut abstreift, streift auch die Seele ihre Hülle ab. Seelenwege sind daher auch an Kirchen häufig mit dem Symbol der Schlange (weniger des Drachens) verknüpft. Sie stellen als geomantisches Phänomen einen bestimmten astralen Teilaspekt jener Urkraft dar, über die wir in diesem Buch sprechen. Als formales Phänomen entspricht der Seelenweg in gewisser Weise der beschriebenen Sternenschlange (oder Himmelsschlange), auf der reitend das *Ba* (ein Seelenanteil) des Pharaos in die astrale Sternensphäre ritt. Seelenwege sind so gesehen die jenseitige Seite des Schlange- oder Drache-Symbols.

Das Seelenwasser

Ein weiteres Phänomen ist indirekt mit der Drachenkraft verknüpft, wenn es den Drachen auch nicht im Namen trägt: das sogenannte Seelenwasser. Der Begriff mag für manche erst einmal neu sein, obgleich er in der spirituellen Literatur und unseren Mythen auf die eine oder andere Weise und in der einen oder anderen Variation häufig auftaucht.

Und die Erde war wüst und leer, und Finsternis lag auf der Tiefe; und der Geist Gottes schwebte über dem Wasser, heißt es in 1. Mose 1,2. Da das Licht noch nicht erschaffen ist, muss klar sein, dass dies keine Beschreibung einer physischen Evolutionsphase ist. »Finsternis lag auf der Tiefe«, das Licht des Bewusstseins hat die Erde noch nicht erreicht, nur der göttliche Geist ist präsent. Und dennoch gibt es offensichtlich »Wasser«. Freilich ist auch dies kein physisches Wasser, es ist eine Vorform des Physischen. Mit dem »Wasser« wird ein seelenhaftes Fluidum beschrieben. Im Hebräischen wird dieses Fluidum מַיִם, majim, genannt: Majim ist das mächtige Urwasser.

Im finnischen Mythos »Kalevala« trieb Luonnatar im endlosen Meer. Sie ersingt mit ihrem Schöpfungslied in ihm treibend Erde und Himmel. Die Schöpfung und das »Seelenwasser« sind eng verbunden. Im hinduistischen Schöpfungsmythos ist das Urmeer क्षीराब्धि *Kṣīrābdhi* ein Ozean aus Milch, der sich durch das Quirlen verfestigt.

So bildet das »Seelenwasser« eine Vorform der Stofflichkeit, es ist belebt oder vielmehr beseelt. Rudolf Steiner nennt es die »Wassererde«: Diese Wassererde ist zu gleicher Zeit der Ursprung, der Urquell alles auf der Erde befindlichen Stofflichen, alles äußerlich Stofflichen, gleichgültig ob dieses im Mineral, in der Pflanze, im Tier oder im Menschen enthalten ist. Dieses Stoffliche, das jedes irdische Wesen in sich trägt, ist, bis ins Astralische verflüchtigt, in dieser Wassererde vorhanden. (GA 96, S.34) Etwas zuvor schreibt Steiner, dass diese »Wassererde«, aus der die Erde einst bestand, bis heute in einer bestimmten Erdenschicht – der sogenannten vierten Schicht – vorhanden ist: In dieser Schicht sind also die Substanzen so, daß sie für keinen äußeren Sinn wahrnehmbar werden. Sie sind in einem astralischen Zustand.

Der Begriff »astralisch« oder eben astral, den Steiner hier verwendet, hat zwei Bedeutungskontexte. Zum einen leitet er sich ab von astra, dem lateinischen Wort für die Sterne. Das Astrale hat also einen Bezug zu den Sternenkräften. Zum anderen meint – natürlich damit verbunden – das Astrale auch das Seelische. In diesem Sinne ist die »Wassererde« Steiners nicht nur eine Metaform des Physischen, sondern auch in seiner Essenz seelenhaft. Darum sprechen wir vom Seelenwasser.

Das Seelenwasser ist somit eine sehr feine, astrale, fluidal erscheinende Präsenz in den tiefen Erdschichten. Als prämaterieller Erdzustand ist es eng mit der Schöpferkraft verbunden. Aus ihm heraus entwickelte sich die Materie. Nach Rudolf Steiner schloss dieser Prozess ab, als sich der Mond von der Erde trennte, weshalb der Mond bis heute das Wässrige auf Erden regiert: Als der Mond herausging, hatte sich die Umwandlung vollendet. (GA 106, S89 f)

Das Seelenwasser als astrale Schicht der Erdentiefe ist zudem eng mit den Drachenkräften verbunden, sonst müssten wir es in diesem Buch nicht erwähnen. In unzähligen Mythen wird der Drache mit dem Wasser in Beziehung gesetzt. Der ostasiatische Drache bringt den Regen und garantiert die Fruchtbarkeit der Felder, die antiken Drachen sind häufig Meeresungeheuer.

Die Drachenkraft ist das Vehikel des Lebens auf Erden, sie durchdringt die Sexualität, die Kreativität, die Vitalkraft der Pflanzen, den Atem der Tiere und des Menschen. Die Drachenkraft ist jene Lebenskraft, die die Basis für Gaias Wirken bildet. Auch hierauf nimmt Rudolf Steiner Bezug, wenn er den frühen (noch nicht physischen) Menschen als halb Drache, halb Lichtgestalt beschreibt. Der Mensch erscheint hier als die Seelenverbindung von Kosmos und Gaia: In der damaligen Zeit bewegte sich der Mensch schwebend, schwimmend in der Erdenmasse…« (GA 106, 89 f) Dieser Zustand – wie Luonnatar im finnischen Schöpfungsmythos treibend im astralen Wasser, dem Seelenwasser – ist gleichsam auch der paradiesische. Die Paradiesweltsphäre der Erde besteht im wesentlichen aus dem Seelenwasser (*Marko Pogačnik* nennt ihn auch den Erdenkosmos). Das Seelenwasser der Erde ist astral, also von der Sternenkraft abhängig.

Wir haben im Seelenwasser der Erde also eine spezielle Erdschicht, die im geomantischen Sinne für die Evolution, die aktuelle Lebenskraft auf der Erde, für den nachtodlichen Weg und natürlich für die Entwicklung der Erde selbst von enormer Wichtigkeit und sowohl mit den Sternenkräften als auch der Drachenkraft der Erde eng verwoben ist.

Genau dieses Seelenwasser spielt im aktuellen Prozess der Erdwandlungen, der Wandelzeit, eine wichtige Rolle. Es löst sich zur Zeit mehr und mehr aus den tiefen Schichten der Erde und wird dadurch für die Geschöpfe der Erde verstärkt verfügbar. Wie sich *Sibylle Moana Krähenbühl* in ihrer Trancebeschreibung ausdrückte:

> Gaia wird sich neu manifestieren. Gaia wird einige Dinge verändern. Sie hat begonnen, aus ihrem eigenen kosmischen Wesen heraus das Sternenbewusstsein durch die alles verbindende feinen Strukturen des weißen Seelengewebes dieser Welt ganz tief in den Wasserwelten der Erdensphären zu verankern. Sie erneuert die Sternenkräfte in den elementaren Ebenen.
>
> Gaia arbeitet zur Zeit stark im Wasser und im Seelenwasser, sodass sich dieses reinigt und ausdehnt. Unser Herzraum hat einen ganz tiefen Bezug zum Seelenwasser der Gaia. Sie spricht über dieses Seelenwasser. Sie ist Landschaftsgöttin, und über dieses Seelenwasser webt sie ihr Bewusstsein in der Landschaft.

Damit interagiert die Erde über das Seelenwasser unmittelbar sowohl mit dem materiellen Formzustand der Lebewesen als auch mit den kosmischen Kräften, den Sternenkräften, sie bahnt neue Wege der nachtodlichen Reise und erneuert die Drachenkraft…

Wir können also festhalten, dass der Drache und die Schlange weit mehr sind als Metaphern. Sie besitzen in der Geomantie einen durchaus sehr real wahrnehmbaren Aspekt, der sowohl in bestimmten Orten, also als »Ortskraft« erlebbar ist, als auch in verschiedenen geomantischen Phänomenen repräsentiert wird. Wir können daher den Drachen – wie dies ja auch in der fernöstlichen Mythologie der Fall ist, als eine Kraft verstehen, die in ihrer Form wandelbar ist, gleichsam alles durchdringt, sich aber in spezifischen ätherischen Phänomenen eine Form gibt. Neben dem Kraftaspekt des Drachens ist stets sein Bewusstseinsaspekt zu sehen, ein Bewusstsein, das mit der Erde als Makrowesen aufs Innigste verschmolzen ist und das der Materie – wenn man so will – einen inneren Geist gibt.

Geben wir dieser Bewusstseinskraft und Lebenskraft der Erde den Namen »Drachen«, dann wird aus einer Märchenbuchgestalt eine lebendig erfahrbare Entität, und ihre Mythen werden gleichsam zu beschreibenden Eigenschaften dieser Kraft. Dies ist der Punkt, an dem ich den Drachen als reine Metapher mehr und mehr verlassen möchte, denn meines Erachtens befinden wir uns in einer Schwellenzeit, einer »Wandelzeit« wie Sibylle Moana Krähenbühl und ich sie genannt haben, in der eben jene Drachenkraft für viele Menschen mehr und mehr erlebbar wird.

Wandelzeit – Drachenzeit: Wenn die Drachen sich erheben

Ich hoffe, es ist mir gelungen, die Symbolik von Schlange und Drachen in ihrer Vielfalt in den Mythen zu beschreiben! Wie schon bei der Beschreibung geomantischer Phänomene, möchte ich bei den nun folgenden Trittsteinen des Weges zu den Drachen, das reine Drachensymbol mehr und mehr beiseitelassen und dafür die unmittelbare Erfahrbarkeit und die Wesenhaftigkeit der Schlange und des Drachens in den Mittelpunkt rücken. Dafür ist es notwendig, dass ich insbesondere bei der Beschreibung meiner zutiefst persönlichen Erlebnisse meinen Stil ändere. Es kann kein vergleichend-abstrakter Stil mehr sein, denn die Erlebnisse berühren bisweilen zutiefst den Kernbereich meines Seins. Ich hoffe, dass die Basis, die in den vorangegangenen Kapiteln gelegt wurde, so stabil ist, dass mir die Leserin und der Leser auch auf den folgenden Seiten noch folgen können. Aus der Metapher wurde ein Symbol und aus dem Symbol werden lebendige Wesen…

Der Schatten des Drachen

Wir leben in einer Welt, die die essentielle, die *wirk*liche – also die Wirkung gebende – Wirklichkeit nicht mehr wahrnimmt. Denn diese ist nicht die Stofflichkeit, auf die sich unsere Kultur so sehr zu fixieren gelernt hat. Die wirkgebende, also die die Wirklichkeit bildende Kraft, wird – wie in Platons berühmten Höhlengleichnis – nur durch ihren Schatten wahrgenommen, den sie im Stofflichen wirft.

Dieser Schatten kann unterschiedlich ausgeprägt sein: Es kann der beobachtete Wellen-Teilchen-Dualismus sein, der zwei sich eigentlich widersprechende physikalische Beobachtungen beschreibt und die dahinter befindliche Wirklichkeit verborgen hält. Es kann das sich scheinbar ausdehnende, dann aber auch andernorts sich zusammenziehende Universum sein, das auf die dahinterliegende Wirklichkeit deutet, oder es kann die Gestalt des Universums an sich sein, die mal als Kugel, mal euklidisch und mal hyperbolisch angenommen wird.

Wir müssen uns aber gar nicht in den Unendlichkeiten des Makro- oder Mikrokosmos verlieren. Wir alle haben die Wirkung des Nichtstofflichen sicher oft genug kennengelernt: Vielleicht war es ein Wechsel der Gefühle von einer Sekunde auf die andere, eine Veränderung der Stimmung, das Wahrnehmen einer Ortsatmosphäre oder andere Erfahrungen, die einfach stofflich nicht zu greifen waren.

Wir können es stofflich nicht greifen, weil die Ursache im Nichtstofflichen liegt. Leben können wir in der Biologie zwar anhand bestimmter Mechanismen beschreiben, aber wir können es nicht wirklich

Abb. 20: Schatten eines Drachens

erklären oder verstehen, denn die Lebendigkeit liegt – so paradox dies klingen mag – in einer nichtstofflichen Wirklichkeit, einer »Substanz« (wörtlich »darunter stehen«) der Materie. So sehr sich die Biologie auch müht, chemische Verbindungen bereitzustellen, es entsteht daraus einfach kein Leben! Ebenso, dieser Seitenhieb sei mir verziehen (!), werden wir Gesundheit, das Heilsein, nicht durch die Betrachtung eines Krankheitserregers wirklich begreifen und schon gar nicht durch die versuchte Eliminierung eben jenes Erregers erschaffen können. Leben (und auch Gesundheit) sind eben deutlich mehr als biologisch beschreibbare Funktionen wie Atmung und Stoffwechsel, mehr als die berühmten fünf Merkmale, die Leben definieren (Bewegung aus eigener Kraft, Wachstum, Stoffwechsel, Reizbarkeit, Fortpflanzung und der Aufbau aus Zellen). In unserer Versenkung in den »Schatten« wenden wir uns gerade von jener Wirklichkeit ab, die diesen »Schatten« wirft.

Um so mehr werden jene, die den Schatten als Abdruck erahnen und darüber auf eine höhere Wirklichkeit (eine nichtalltägliche Wirklichkeit) rückschließen, von den anderen belächelt, verspottet und auch bisweilen bekämpft.

In der Geomantie ist jenes Ur- und Lebenskraftprinzip, das das Universum durchwirkt, als der Drache bekannt. Laotse formulierte einst im Taoteking: Der Begriff, durch den man begreifen kann, zeugt nicht vom Unbegreiflichen. Er wollte über etwas Numinoses und zugleich Grundsätzliches reden, das im Kern nicht fassbar ist. Doch um darüber schreiben zu können, brauchte er einen Begriff. Er wählte das Dao (Tao), was »der Weg« bedeutet, doch stellte er rasch mit eben diesem Satz klar, dass »der Weg« kein physischer Weg ist. Eben jener Begriff, durch den man begreifen kann, ist kein Weg, obwohl der Begriff das suggeriert. In diesem Sinne ist auch der der Materie innewohnende Drache kein Drache. Jedenfalls nicht in jenem Sinne eines Untiers, das bekämpft werden muss. Vielmehr steht dieses Symbol für das Bewusstsein der Urkraft selbst. Und dennoch ist unser menschliches Bewusstsein so gestaltet, dass es in Kontakt mit eben jener Urkraft häufig Bilder von Drachen erzeugt, um ein »Bild zu haben, durch das man imaginieren kann«.

Der Drache ist zugleich Symbol und wesenhaftes Bewusstsein, eine Metapher und dennoch substanzielle Wirklichkeit. Wenn wir das Bild (und den Begriff) in geomantischen Phänomenen wie Drachenlinien, Drachenwegen, Drachenadern (Longmei), Drachennestern, in Berg- und Wasserdrachen und vielem anderen nutzen, dann deshalb, weil diese eben der Urkraftebene der Erde, ja dem Leben selbst in seiner wesenhaftesten Form, so nahestehen, obgleich auch sie letztlich nur Schatten des Drachens sind. Den Drachen in sich zu finden, bedeutet demnach, auch jene Kraft in sich zu entdecken, die eben auf einer höheren Wirklichkeit zugleich ursächlich für uns und unser Leben auf der Erde ist. Diese Wirklichkeitsebene zu negieren, ja sogar zu bekämpfen, entspricht dem Wesen unserer Kultur, die in unzähligen »Drachenkämpfen« mit der Urkraftebene der Erde, ja des Kosmos, im Zwist liegt. Der eigentliche Kampf ist darum eine Bewusstseinsschlacht: wobei die eine Seite den Blick auf den Schatten fixiert halten will, während die andere dem Drachen selbst ins Antlitz schauen möchte. Irrwitzigerweise wird eben Letzteres von der ersten Partei als illusionär und fiktional angesehen, also als Einbildung. Und in der Tat, solange man Gefühle zur Einbildung deklariert, solange man der nichtrationalen Wahrnehmung mit Missachtung begegnet, solange wird der Drache nur ein Fantasiegebilde bleiben und selbst der Schatten nur die Wirkung einer vorüberziehenden Wolke.

Insofern geschieht gerade in dieser Schwellenzeit so viel mehr als nur ein politischer Konflikt: Es ist das kollektive Erahnen, dass Realität nicht nur eine Wahrheit kennt, dass Wirklichkeit vielschichtig ist und dass das Eliminieren ganzer Schichten aus dieser zum Tod des ganzen Systems führen kann. Man kann den Drachen als »Fantasiegebilde« nicht aus der Materie extrahieren, ohne dass nurmehr eine seelenlose Hülle derselben übrigbleibt. Die Befreiung der Drachen beginnt damit, ihre Schatten zu erkennen, doch sie endet dabei noch lange nicht. Sie wird die Paradigmen des Denkens transformieren.

Freie Drachen

Das alte Verhältnis des Menschen zur Erde spiegelt sich im Drachenkampf wider: Was nicht nutzbar gemacht werden kann, wird zerstört. Ausbeutung oder Tod, eine andere Wahl schien die Menschheit den irdischen Kräften kaum zu lassen. Wie anders wirkt da die bäuerliche Votivgabe aus der Wallfahrtskirche Heiligkreuz im Kanton Luzern/ Entlebuch!

Abb. 21: Votivbild. Margarethe in Heiligkreuz/Kanton Luzern

Die Heilige Margarethe (in Schwarz, Weiß und Rot gewandet) hält den Drachen im Arm, als wäre er ein schützenswerter Säugling oder ihr geliebtes Haustier: kein Kampf, kein Widerstreit. Die weibliche Kraft und die Drachenkraft sind in Liebe vereint.

Es ist Zeit, sich vom okkupierenden Vorgehen eines St. Georg zu befreien und sich einer solchen liebevollen Hinwendung der Margarethe zuzuwenden. Die einst frei sich über die Landschaft bewegenden Drachenkräfte sollten nicht nur funktional und nutzbringend betrachtet werden. Diese Fragen begegnen mir noch viel zu oft: »Wozu ist dieses Phänomen gut?« – »Wie kann man den Ort nutzen?« Es geht vielmehr darum, wie wir lernen können, uns der Erde zuzuwenden. Oder andersherum gefragt: »Welchen Nutzen bringen wir der Erde?«

Es ist Zeit, das Verlangen nach Kontrolle aufzugeben und sich angstfrei hinzugeben: an die Erde, an die Natur, an das Leben! Ein Leben in absoluter Kontrolle ist kein Leben, und es bietet auch keinerlei vorgegaukelte Sicherheit. Leben, wirkliches Leben, ist stets riskant. Ja, wir können dabei verletzt werden, wer wurde das nicht schon? Doch vollständig unverletzt sind wir nur Schaustücke in der geschützten Vitrine eines virtuellen Museums.

Der Drachenkraft zu begegnen, bedeutet, frei zu atmen, sich frei zu bewegen, sich auf der Erde niederzulassen, Pflanzen, Tieren und Menschen zu begegnen. In dieser freien Begegnung erfahren wir die Drachenkraft des Lebens selbst, jenem ungebändigtem Impuls, der uns durchströmt, wenn wir verliebt sind, wenn wir genießen, wenn wir eben allen Schutz fallenlassen.

Die freie Drachenkraft ängstigt viele, weil sie den meisten völlig unbekannt ist. Sie ist etwas Fremdartiges – obwohl sie doch so innig mit unserem Leben auf der Erde verbunden ist. Darum ist es auch an der Zeit, sich diesem Unbekannten zu stellen, anstatt es mit ganzer Kraft zu bekämpfen.

So innig die Beziehung von Margarethe mit dem Drachen im Bild ist, irgendwann ist es Zeit, den Drachen freizulassen. Irgendwann wird der Säugling groß und will selbst laufen, irgendwann will das »Haustier« sich frei bewegen. Dieser Impuls der freien Bewegung ist eine Gesetzmäßigkeit des Lebens selbst. Wir erkennen sie in den Tieren, in den Pflanzen, ja selbst im Lauf des Wassers, das sich auch nicht auf ewig in Kanäle sperren lässt. Lassen wir die freie Bewegung nicht zu, wird sie sich früher oder später selbst zur Freiheit Bahn brechen: Die Pflanze überwächst ihr Spalier, das Tier läuft davon, das Wasser bricht aus seinem Bett…

Machen wir uns mit der Drachenkraft in uns vertraut, geben wir ihr Raum, lassen wir sie frei! Erst dann wird der Mensch (wieder) begreifen, was Leben ist!

Wandelzeit: Zeiten des Chaos

Die Verschüttelung stellt in der Homöopathie einen der wesentlichen Schritte der Potenzierung dar. Hahnemann hat im Laufe seiner Forschungen den Vorgang des Verschüttelns mehrfach umschrieben. Er wechselte die Begrifflichkeit von »starkem, anhaltenden Umrühren«, zu »innig gemischt«, »gleichförmiger und inniger Vermischung«, »durch fleißiges Schütteln wohl vereinigt«, bis hin zu »durch minutenlanges Schütteln innig vereinigt«. Samuel Hahnemann sieht in der »Dynamisierung der Lösung« durch die Dilution jenen Weg, durch den sich die »geistartige Arzneikraft« vom Arzneimolekül löst und potenziert in das Trägermedium übergeht. Wir würden heute von »Information« sprechen, doch es ist nicht daran zu »rütteln«, dass der Vorgang letztlich ein ritueller ist.

Der Umbruch in eine höhere Wirksamkeit bedarf somit der vorherigen Chaotisierung, wobei wir den Begriff gleich noch genauer betrachten müssen. Im Ersteindruck ist das Chaosmoment ein Zustand, oder vielmehr eine Dynamik, die undurchschaubar scheint, ein Moment des »unerträglichen Wirrwarrs«.

In der Tat entspringt das Wort »Chaos« (von altgriechisch χάος cháos) der antiken griechischen Mythologie und ist dem Kosmos, der Weltordnung entgegengerichtet. Chaos hängt etymologisch mit dem griechischen Verb χαίνω chainō (»klaffen, gähnen«) zusammen. Wir könnten das Chaos also als »gähnende Leere« übersetzen. Mythologisch wäre das griechische Chaos also der gähnenden Urschlucht Ginnungagap aus der nordischen Mythologie durchaus vergleichbar. Nach Hesiod (ca. 700 v. Chr.) ist Gaia ein Abkömmling, eine Tochter des Chaos. Sie entstand zeitgleich mit ihren Geschwistern Nyx (Finsternis der Nacht), Erebos (Finsternis der Unterwelt), Tartaros (Unterwelt) und Eros (Liebe). Aus dem Chaos entspringen mit Gaia gleichsam die Urkräfte der Existenz.

Sehr ähnlich ist dies mit dem tohu vavohu aus dem Hebräischen. Wir kennen den Begriff als das verballhornte Tohuwabohu, das wir guten Gewissens als »Chaos« übersetzen können. Tohu und (va) vohu entsprechen den babylonischen Urdrachen Tiamat und Abzu.

Die Mütter der Erde (Gaia) sind letztlich auch die Drachenkräfte, die von uns als chaotisch und der Ordnung des Kosmos entgegengesetzt empfunden werden.

Mythologisch entspringt aus dem Chaos die Schöpfung, aus dem scheinbaren Nichts das Leben. Es ist durchdrungen von der Drachenkraft und die Grundlage Gaias.

In der Chaosforschung schließlich wird das Chaos gar nicht als das gesehen, als das es umgangssprachlich genutzt wird. Die Chaosforschung ist ein Teilgebiet der nichtlinearen Dynamik. Die Chaosforschung beschäftigt sich mit Ordnungen in dynamischen Systemen, deren Entwicklung unvorhersagbar erscheint. Die ihr zugrundeliegenden Gleichungen sind jedoch deterministisch. Die Chaosforschung zeigt im Grunde die Ordnung des Chaos auf.

Auch Viktor Schauberger verstand die Wirbelbildung des Wassers als ein geordnetes Gebilde. Kurzfristige Störungen, die zu einem chaotischen Zustand führen, werden umgehend ausgeglichen und führen unmittelbar zurück zu zentripetalen und zentrifugalen geordneten Wirbeln, die nichtsdestotrotz für einen Betrachter als ungeordnet erscheinen können. Das Wasser schwingt sich durch die Wirbel im scheinbaren Chaos zu einem höheren energetischen Zustand empor.

Wir erkennen also in dieser kurzen Betrachtung das Chaos als einen Urgrund der Urkräfte, der neue Ordnung und höherwertige Seinszustände erzeugt. Dennoch ist der Moment der Störung ein sensibler, denn er erlaubt es der »geistartigen Arzneikraft«, die nur in Spuren vorhanden ist, sich auf das ganze Trägermedium zu übertragen. Das heißt, das Medium ist in diesem Zustand offen für alle möglichen geistigen Kräfte. Letztlich ist es die rituelle Ausrichtung des Potenzierenden, die mitbestimmt, ob die heilende Arzneikraft oder das Gift das Trägermedium mit seiner Information durchdringt.

Gesellschaftlich gesehen befinden wir uns mit der sogenannten und viel beschworenen »Pandemie« in einer Chaoszeit. Alte Systeme brechen zusammen. Der Sturm auf den Reichstag und auf das US-Kapitol sind (inszeniert oder nicht) Symbole des Umbruchs und des scheinbaren Chaos. Die in Ver-Ordung-en gegebenen Gesetze, die eigentlich Ordnung schaffen sollten, führen – insbesondere in ihrer

Unlogik – zu immer größerer Verwirrung, zu chaotischen Zuständen, die wir hier nicht weiter auflisten müssen. Das Trägermedium der Gesellschaft befindet sich im Wirbelumbruch, und es ist unwahrscheinlich, dass etwa die Parteienlandschaft nächstes Jahr noch die gleiche sein wird wie heute. Auch die Wirtschaft verändert sich mit hohem Tempo. Wir befinden uns geistig-gesellschaftlich im Prozess der Dilution, der Potenzierung.

Um so wichtiger ist nun der rituelle Aspekt, die geistige Kraft. Was wird die sich zweifelsohne wiederherstellende Ordnung bestimmen? Welche geistigen Kräfte werden sich in der Trägermasse der Gesellschaft verbreitet haben? Die Frage ist viel grundlegender als politisch »links« oder »rechts«, als »Mainstream« oder »Alternative«, ja selbst als »technokratische Diktatur« oder »geokulturelle Demokratie«. Das aktuell empfundene Chaosmoment setzt gewaltige Emotionen frei. Das ist einerseits gut so, denn diese geben die Energie für den Quantensprung, doch wenn die Emotionen sich in Wut, Hass und Gewalt erschöpfen, wird genau dieser Impuls den Kern der zukünftigen neuen Ordnung bilden. Ganz gleich, wie also jeder einzelne zu den Regierungsmaßnahmen stehen mag – ob »notwendig« oder »fahrlässig überzogen« – viel grundsätzlicher ist der rituelle Impuls der seelischen Grundhaltung. Wir müssen die Ängste des jeweils anderen ernst nehmen. Dies ist keine Frage der intellektuellen Diskussion, sondern der emotionalen Zuwendung. Keine Panikreaktion darf uns dazu veranlassen, diesen sensiblen Moment des chaotischen Umbruchs mit Hass und Gewalt zu vergiften. Schaffen wir es, in diesem Moment der Verschüttelung die Herzen offenzuhalten, werden die Drachen aus dem Chaos eine neue Welt gebären, eine Erneuerung Gaias! Insofern erleben wir im realen Leben die Drachenkraft, das Wirken der Drachen als die aus dem Chaos eine neue Ordnung Gebärenden. Diese Schwellenzeit, die unsere Werte, unsere Routinen und Vorstellungen bis ins Mark erschüttert hat, ist gleichsam die Geburtsstunde der Drachen. Vieles befreit sich, vieles offenbart sich.

Ich habe innerhalb der »Pandemie« mehrere Initiationszyklen angeleitet und die Öffnung der sogenannten »Drachenportale« (dazu später mehr) wurden von vielen der Initianten als die Vorboten, die

Vorwehen einer neuen Zeit wahrgenommen. Schon der erste Lockdown bewirkte eine absonderliche Annäherung der Natur an den Menschen. Vögel zwitscherten wie schon seit Jahren nicht mehr und begrüßten den Frühling 2020, Delphine eroberten Häfen, und Wild flanierte durch die Straßen der Städte. Die Urkraft brach sich wieder Bahn. In diesem Kontext sollten auch die Überschwemmungen in Ahrweiler gesehen werden, bei denen sich die Urkraft eines begradigten Flusses sich seine angestammten Flussschlaufen zurückeroberte. Befreite Drachen sind nicht niedlich, so viel sei schon einmal vorweggenommen. Doch das Chaosmoment öffnet in uns neue Portale des Denkens. Wir befinden uns mitten im Rütteln und Schütteln einer neuen Potenz.

Wenn Gaia erwacht...

Im Frühjahr 2018 erhielt ich erstmals den Impuls und Auftrag, Menschen in die Kraft und Verbindung mit Gaia zu initiieren. Eine Gruppe von etwa 15 Menschen wurde mit sich ihnen offenbarenden Helferwesen aus dem Pflanzen-, Wasser- und Steinreich sowie aus der Ebene der menschlichen Ahnen verbunden, und sie erhielten einen Schlüssel, um zum Bewusstseins- und Seelenfeld Gaias Portale zu öffnen.

Dann geschah einige Monate lang scheinbar nichts. Nun kam der zweite Impuls, damit zu beginnen, die Portale zu Gaia zu öffnen. Die Gruppe wurde aktiv. Dort, wo Portale zu Gaia geöffnet wurden, pulsten diese bisweilen wie ein Herz und stießen Wellen vielfarbigen Lichts aus. Die Portale beginnen sich zu vernetzen – auch über die Reichweite der Gruppenaktion weit hinaus, weltweit.

In meiner Wahrnehmung steigt aus der Erdentiefe »beseelte Lebenskraft« auf, die sich mit dem Äthergefüge des Landes verbindet. Zugleich kommen Spirits aus der Erdentiefe, die intensiv mit dem Bewusstein Gaias verbunden sind und beginnen, in der Natur zu wirken. Hierbei geht es um sehr, sehr alte Prozesse, die schon vor Tausenden Jahren einsetzten und den Menschen von der Erde entfremdeten. Langsam findet eine Art »Rückeroberung« statt. Auf der Seelenebene der Menschen verändert sich etwas, aber das wird nicht von heute auf morgen geschehen. Möglicherweise dauert es sogar über Generationen. Aber es beginnt…

Die Naturwesen ziehen sich einerseits von bestimmten Orten scheinbar völlig zurück. Dies geht einher mit dem Exodus der Insekten, Vögel und Wirbeltiere. Andere Naturwesen verharren wie in einer Erwartungshaltung. Sie warten auf eine bestimmte Veränderung im Seelengefüge des Menschen. Es geht nicht darum, dass das Weltenende naht oder umgekehrt innerhalb weniger Wochen die Glückseligkeit ausbricht. Es geht darum, den Menschen wieder mit der Erde zu versöhnen, Spirits ihr Wirken zu ermöglichen. Dadurch werden Entscheidungen der Menschen sich verändern und so schließlich die Taten.

Dieser beginnende Prozess setzt dort an, wo der Mensch sich einst von der Erde trennte und sich Räumen und Wesen öffnete, die die Seelensphäre Gaias für sich nutzen wollten. Doch Gaia erwacht wie aus einem langen Traum. Dieser Prozess wird auf der physischen Ebene nicht ohne Krisen geschehen. Zu lange hat der Mensch seine Nahrung und somit Lebenskraft aus Technik und mental erzeugten chemischen Stoffen gewonnen, zu lange hat er ein Gewebe aus kaltem Verstand um die Erde gewebt. Doch diese künstliche Lebenskraft ist erschöpft. Es wird auf diese Weise keine weiteren Steigerungen an Nahrungsproduktion geben. Die Systeme kollabieren. Nur in Kooperation mit den Kräften der Erde wird es dem Menschen in Zukunft möglich sein, auf diesem wunderbaren Wesen Erde zu leben.

Mehr und mehr Menschen werden sich berufen fühlen, ihr Leben zu überdenken und zu ändern: ihre Lebensgewohnheiten, ihre Ernährung, ihr Kaufverhalten, ihren Respekt vor dem Leben…

Diese Kraft aber wird von jenen, die Profit aus dem Status Quo schöpfen, bekämpf: durch Herabwürdigung jener, die sich den Lebensprozessen zuwenden, durch Verunglimpfung und immer stärkeren Verlockungen geistig-seelischer Ablenkung. In diesem Erwachen Gaias wird der Lebendigkeit und Beseelung der Menschen mehr und mehr Kraft zuströmen, so dass alte Denk- und Lebensmuster durchbrochen werden können. Du kannst diese Kraft in dir nähren, indem du mit der Natur in Kontakt trittst:

- Lege dich auf die Erde und atme ihre beseelte Lebenskraft ein.
- Berühre die Bäume und Kräuter physisch, aber vor allem mit offenem Herzen.
- Gestehe den Tieren ihren Raum zu, setze dich für ihre Lebensräume ein und sieh der Rückkehr der Wildtiere, dort wo sie geschieht, in Freude und ohne Furcht entgegen.
- Lasse den Pflanzen, die wild kommen möchten, in deinem Garten ihren Raum.
- Ersetze tote Beton- und Pflasterwüsten, ersetze Kunstpflanzen durch die lebendige Kraft des Pflanzenreichs.
- Zolle der Natur in deinem Konsumverhalten deinen Respekt: Was brauchst du wirklich?
- Setze dich in Stille in die Natur und stelle dir vor, wie sich dein Bewusstsein weitet. Es dehnt sich aus, mehr und mehr. Es durchdringt dabei jeden Baum, jedes Kraut, jeden Käfer und jede Ameise. Lass es zu, lass es geschehen.
- Verbinde dich mit der Seelenessenz der Erde und werde ihrer verändernden Kraft in deinem Seelengefüge gewahr!

Jeder Mensch kann sich dieser entfaltenden Kraft Gaias auf seine Weise öffnen und nähern. Es gibt keine Religion, die bestimmte Riten vorschreibt. »Das Neue ist schon längst da, das Alte macht nur viel Lärm beim Sterben«, sagte Eckart Tolle. Dieser Lärm hallt aus den Medien wider, so dass man die Melodie der erwachenden Erde kaum wahrnimmt. Darum lass dir die Zeit, ihr zu begegnen!

Die Schlangenkraft als Weg der Heilung

Seit mehreren Jahren nun und vor allem wegen der chaotischen Verschüttelung der »Pandemie«, erhalte ich immer verstärkter den Impuls, »Portale zu Gaia« zu öffnen. Die Gaiaportale sind aufs engste mit der sogenannten Schlangenkraft verbunden und bilden Bewusstseins- und ätherische Kraftportale zu den Sphären Gaias. Anfänglich wurde radiästhetisch eine Grifflänge (nach der Technik der Physikalischen Radiästhesie) von mir genutzt, die auch in sogenannten Göttinnenfokussen und Erdmutterkultplätzen (wie in den Tempeln Maltas) auftaucht: 4,8 cm LA.

Radiästhetisch-geomantische Forschung

Da die Gaiaportale und die durch sie vermittelte Schlangenkraft in der aktuellen Wandelzeit bei den Erdwandlungen eine große Rolle spielen und die Schlangenkraft hier geradezu als Triebfeder der Erdveränderungen betrachtet werden kann, schien es mir angemessen, hierfür eine kennzeichnende Wellenlänge zu finden, die nicht auch für thematisch ähnliche Phänomene und Plätze genutzt wird.

So wurden an verschiedenen sich öffnenden Gaiaportalen emittierende Wellenlängen ermittelt und die gemeinsam auftretenden Grifflängen analysiert. Im wesentlichen sind dies die kennzeichnenden Grifflängen 2,2 cm LA, 3,6 cm LA, 4,6 cm LA und die oben bereits erwähnte 4,8 cm LA. In der Regel ist 4,6 cm LA mit Intensität 1, also der höchsten Intensität, anzutreffen und wird daher von mir favorisiert.

Die Schlangenkraft 4,6 cm LA kann somit als Triebfeder der aktuellen Erdveränderungen mit benannt werden und bedeutet somit einen Heilungsimpuls für die blockierten Erdkräfte.

Homöopatischer Ansatz

Unsere aktuelle Zeit, in der sich die Wandlungen vollziehen, ist geprägt von zahlreichen Ängsten: Der Angst im undurchschaubaren Dickicht der Verordnungen irgendetwas falsch zu machen, der Angst vor Bedrohung (sei es durch das Virus oder durch staatliche Maßnahmen), verbunden oft mit einer Art seelischem Totstellreflex, um irgendwie die aktuelle Zeit vorüberziehen zu lassen bei gleichzeitig empfundener Einsamkeit.

Interessanterweise sind die hier genannten Ängste und Gefühlsreaktionen kennzeichnend für zwei homöopathische Mittel, so dass diese als Heilimpuls dagegen eingesetzt werden können:

Der seit 1984 tätige homöopathisch arbeitende Heilpraktiker und Mitbegründer einer Heilpraktikerschule Hans-Jürgen Achtzehn sieht vor allem zwei Präparate für diese angstbesetzte Zeit als hilfreich an:

Crotalus horridus, das Gift der Klapperschlange, und *Vipera berus*, das Kreuzotterngift.

Crotalus greift vor allem bei Ängsten – der Angst etwas falsch zu machen, beobachtet oder gar angezeigt zu werden. Es ist hilfreich bei überschäumender Wut und starker Erregung des Nervensystems. Die empfundene beständige Bedrohungslange (durch Staat oder Virus), daraus resultierende Schlaflosigkeit und Mattigkeit, wird durch Crotalus aufgelöst.

Vipera berus wirkt dem verängstigten Totstellreflex entgegen und macht wieder handlungsfähig. Das »Ich ertrage das nicht mehr« und die empfundene Sinnlosigkeit eigener Existenz im Anblick einer bedrohlichen Übermacht eines unsichtbaren Krankheitserregers oder dunkler Konzerne wird in Vipera aufgegriffen und ihm entgegengewirkt, das Gefühl, von Gott und der Welt verlassen zu sein, wird aufgelöst. Vipera führt damit letztlich zu einem positiven Gefühl der Verbundenheit und des Schutzes.

Radiästhetische Forschung an den Präparaten

Zwei Schlangengifte geben somit die aktuellen kollektiven Ängste und emotionalen Stresssituationen sehr gut wieder und bieten ihre Heilkraft an. Besonders interessant ist nun, dass eine Analyse der emittierenden Wellenlängen beider homöopathischen Mittel – neben individuellen Schwingungen – wiederum folgende Grifflängen gemeinsam haben:

2,2 cm LA, 3,6 cm LA, 4,6 cm LA und 4,8 cm LA

Es sind dies die gleichen Grifflängen, die eben auch kennzeichnend für die Schlangenkraft an Gaiaportalen sind!

Die Schlangenkraft zeigt sich uns als Weg der Heilung für den zunehmenden Konflikt von Mensch und Erde sowie kollektiv-gesellschaftlich innerhalb des aktuellen Zeitgeschehens der Wandelzeit!

In der Umkehrung zeigen sich auch Wellenlängen im Impfstoff Comirnaty von Pfizer/Biontech, den ich Gelegenheit hatte radiästhetisch zu untersuchen. Wie oben gezeigt haben Gaiaportale als aktuelle geomantische Phänomene in dieser Wandelzeit eine große Bedeutung. Interessanterweise weist das Vakzin die beiden dominierenden

Grifflängen der Gaiaportale – 4,6 LA und 4,8 LA – in negativer Polarisation auf, so als würde der Impfstoff der Wirkung der Portale entgegenstehen. Die Synchronizität dieser auftauchenden Schwingung ist frappierend. Der »Lecherwert« 4,6 cm findet sich in den Gaiaportalen ebenso wie in Drachenwegen, in den homöopatischen Schlangengiften Crotalus horridus, dem Gift der Klapperschlange, und Vipera berus, dem Kreuzotterngift, die beide gegen Ängste eingesetzt werden können, die in diesen Tagen kollektiv emporsteigen. Nicht zuletzt findet sich diese Wellenlänge, nennen wir sie die »Wellenlänge der Schlangen- oder Drachenkraft«, in seiner negativen, linksdrehenden, das Leben verneinden Polarisation auch in dem zumindest in Deutschland gebräuchlichsten Impfstoff, um das »Drachenvirus« zu töten. Wie in jedem Drachenkampf wird der Drache, die Schlange sich aber nur häuten und dann erneut auferstehen.

Wandelzeit – Öffnung der Drachenportale

Wir haben in den letzten Kapiteln nun schon mehrfach über die Wichtigkeit des Drachens in der Geomantie allgemein sowie für die Wandelzeit im Besonderen berichtet. In der aktuellen Wandelzeit befreien sich die Drachenkräfte der Erde mehr und mehr – ein notwendiger Prozess, denn diese garantieren die Lebenskraft in der Natur. Allzu lange hat der Mensch die Drachenkräfte gebunden und ausgebeutet.

So traten erneut meine Spirits mit einer Bitte, nein, einer Forderung, an mich heran: Ich solle **999 Drachenorte** aktivieren! Ich rang zunächst darum, denn die Zahl schien mir einfach zu hoch und kaum leistbar. Ich hatte zwar schon in den Gaia-Portalen die Drachenkräfte aktiviert, doch unmittelbar ein Drachenportal zu öffnen – dazu fehlte mir aktuell der Weg. So versuchte ich die geforderte Zahl herunterzuhandeln. Würden nicht auch 99 Drachenportale genügen? Meine geistigen Helfer blieben jedoch hartnäckig. So entschloss ich mich, das rituelle Öffnen eines Drachenportals mit zum Inhalt der Initiationswoche für die aktuelle Ausbildungsgruppe der ErdenhüterInnen zu machen.

Als Zeitpunkt wurde die Sonnenfinsternis am 10. Juni 2021 zur Mittagszeit definiert. Bei der Sonnenfinsternis stehen Sonne und Schwarzmond gemeinsam am Mondknoten. Der nördliche (oder aufsteigende) Mondknoten ist hierbei auch als Drachenkopf bekannt.

Das Ritual wurde ab 12:30 Uhr an einem rituell geöffneten Gaiaportal vollzogen. Die Natur reagierte unmittelbar auf das Rufen der Drachen. Der umstehende Kreis der TeilnehmerInnen nahm die Veränderungen sofort deutlich wahr. Durch die rituelle Öffnung erhielt ich einen Weg gezeigt, Drachenportale unmittelbar zu öffnen.

Als ich die Mitte des Kreises verlassen und meinen Platz in der Reihe der umstehenden Teilnehmer eingenommen hatte, schien die Erde zu vibrieren und zu pulsen. Ich spürte die raumverzerrende Wirkung einer bei mir einsetzenden Trance. Gegen den Höhepunkt der Sonnenfinsternis um kurz vor 13:00 Uhr konnte ich eine Art goldenen Regen wahrnehmen. Zeitgleich hatte ich das Bild eines mächtigen goldenen Drachen vor Augen. Alles strahlte golden. Ein Segen schien sich über die Erde zu legen.

Anschließend wurde es dunkler. Da in Bayern die Abdeckung der Sonnenscheibe gerade einmal 6% betrug, kann es nicht der Mond gewesen sein, der physisch wesentlich zur Verdunkelung beitrug. Schlagartig wechselte die Erfahrung: Der »Regen« verwandelte sich in Silber, und ein silberner Drache erhob sich. Nach wenigen Minuten durchdrangen Gold und Silber gleichzeitig den Raum um mich.

Es ist schwierig, zu bestimmen, welchen Anteil das Ritual an dieser Erfahrung hatte und welchen das Ereignis der Sonnenfinsternis, doch etwas Fundamentales hatte sich in der umgebenden Landschaft verändert! Gaias Bewusstsein hatte sich ausgebreitet, und auch in den Tagen seit diesem Ereignis erscheint mir das Tageslicht anders: klar und mit größerer Tiefenwirkung, fast herbstlich.

So waren mit diesem gemeinsamen Ritual alle TeilnehmerInnen in die Lage versetzt worden, Drachenportale zu öffnen. Über fünfzig Portale – von denen ich weiß – wurden inzwischen geöffnet. Ein erster Schritt zu den angestrebten 999 Portalen!

Der Auftrag, 999 Drachenportale zu öffnen, veranlasste mich dazu, der doch eigentümlich bestimmten Zahl näher nachzugehen und ihre Mythologie zu entdecken…

Die Zahl 999 ist eine Verdreifachung der Neun, die somit auf eine höhere Ebene gehoben wird: Mit der Ziffer Neun enden die einstelligen Zahlen, die Grundzahlen. Die 9 ist das Quadrat der 3, die bereits für die einfache Vollkommenheit steht. Ihre Verdreifachung (3 x 3) und die Stellung als letzte Grundzahl, lässt die 9 zur Göttlichen Vollkommenheit werden. Betrachten wir die Grafik der arabischen Zahl 9, die wie alle Ziffern um drei Seinsebenen herum gezeichnet wird – der physischen Ebene (unten), der geistigen Ebene (oben) und der ätherischen Ebene (Mitte) –, so sehen wir, dass der Schwung der »Spirale« im Physischen (unten) wurzelt, aber im Geistigen (oben) Früchte trägt. Die Zahl 9 ist also eine Zahl, die das Geistige betont.

Die in den Zahlen innewohnende 9 – die Göttlichkeit oder Vollkommenheit – offenbart sich immer wieder: Jede Zahl, deren Quersumme 9 ist, ist stets auch durch 9 teilbar.

So sind chinesische Pagoden idealerweise neunstöckig, und Jesus verstarb in der 9. Stunde, um vergöttlicht zu werden. Der germanische Weltenbaum hält 3 x 3 = 9 Reiche, und auch Odins Selbstopfer dauerte 9 Tage und Nächte. Der Gott Heimdall wurde dem Mythos nach von 9 Müttern geboren, und in der christlichen frühmittelalterlichen Mythologie gibt es 9 Engelschöre.

Die 9 ist eine Zahl der Vollendung und damit des Neubeginns einer neuen Seinsebene! Das deutsche Zahlwort »neun« besitzt dieselbe Wortwurzel wie »neu«. Vollendung und Neubeginn sind in der 9 fest miteinander verbunden.

In der chinesischen Zahlensymbolik steht die 9 für den Drachen, doch auch in der griechischen Antike war der Wasserdrache der Hydra (je nach Sagenversion) neunköpfig. Die 9 ist damit sowohl mit dem Himmlisch-Göttlichen (Engelschöre) als auch der Erdenurkraft (Drache) verbunden.

In der Zahl 999 nun verdreifacht sich die Göttlichkeit und Urkraft erneut. Sie steht daher in noch umfassenderem Maße für die Vollendung alter Zyklen und fordert auf, Altes loszulassen, um daraus Neues erwachsen zu lassen. Darum ist die 999 auch als Meister- oder Engelszahl bekannt. In der 999 begegnen sich Drache und Engel in unvergleichlicher und harmonischer Weise. Insofern ist die 999 quasi visionär, sie überhöht die alte Vollkommenheit und lässt Erden- und Himmelskraft zu einer Vervollständigung verschmelzen, die wahre Hilfe verheißt. (Nicht umsonst ist die traditionelle Notrufnummer in Großbritannien und in großen Teilen des Commonwealth die 999.)

Mit der Aufforderung, 999 Drachenportale zu öffnen, geht daher eine inhärente Botschaft einher. Sie fordert den Menschen auf, zu einer Brücke zwischen Engelwelt (Sternenwelt) und irdischer Urkraftebene zu werden und den gelebten Dualismus des Drachenkampfs beiseitezulegen. Die Drachenzahl 9 wird erhöht. Wie in jeder der durch 9 teilbaren Zahlen ist die Quersumme (9+9+9 = 27; 2+7=9) wieder 9. Die 999 befreit den Geist, so, wie die grafische Umkehrung 666 ihn bindet. Die geöffneten Drachenportale sind so auch ein Prozess der geistigen Befreiung…

Das erste Drachenportal

Im Prozess der Öffnung von Drachenportalen wurde mir ein Kosmogramm gezeigt, mit dem Auftrag, dieses an geöffneten Gaia-Portalen abzulegen und somit ein Drachenportal zu öffnen.

Das Kosmogramm wurde in mehrere etwa faustgroße Marmorkiesel gefräst und schließlich war es so weit, dass ich mit Hilfe des Kosmogrammsteines das erste Drachenportal öffnen durfte. Es schien mir passend, dafür das erste von mir geöffnete Gaia-Portal auszuwählen, zum einen, weil dies sehr stimmig war, zum anderen auch, weil dieses von den von mir geöffneten Gaia-Portalen am abgeschiedensten liegt.

Ich freute mich sehr, das Gaia-Portal zu betreten, da es in ganzer Präsenz pulste und deutlich wahrzunehmen war. Der Engelfokus, der hier bereits zuvor bestand und auch die Rolle eines Hüters übernommen hatte, war ebenso deutlich wahrnehmbar. So verweilte ich zunächst in dieser Präsenz und »badete« ein wenig in dieser wunderbaren

Abb. 22: Drachenportal-Kosmogramm

Gegenwart des Kosmos und der Erde. Es tat gut, in dieser unsteten Zeit, diesen Pol der Ruhe und Stärke zu besuchen. Es zeigte mir einmal mehr, dass Politik nicht alles bestimmt, dass Gaia ihre ganz eigenen Wege geht!

Als ich den richtigen Augenblick gekommen sah, legte ich den Kosmogrammstein im Schutze eines Gehölzes ab. Dann vollzog ich noch einmal das Ritual, das Licht Gaias zu rufen. Ich griff tief in die Erde und zog eine Art goldene Lichtkugel herauf, die sich ausdehnte. Zugleich fokussierte sich aber auch ein Teil von ihr im Kosmogrammstein. Es war, als hätte dies eine Brücke aufgebaut, denn unmittelbar darauf spürte ich die Drachenkraft aufsteigen, die sich ebenso im Kosmogrammstein manifestierte, aber von hier aus auch in die Landschaft strömte.

Mir stieg das Bild eines großen Drachens vor das innere Auge, der sich reckte und streckte und mir dann direkt in die Augen sah.

All das [die aktuelle politisch-soziale Situation] wird nicht mehr lange andauern. So hörte ich seine mächtige Stimme. Die Menschen müssen durchleben, was die Drachenkräfte seit Jahrtausenden erdulden mussten: Bindung und Gefangenschaft. Nicht aus Rache müssen sie es erfahren, sondern auf diese Weise wird eine Saat in ihre Herzen gelegt. Es ist die Saat des Schreies nach Freiheit. Dieses Bedürfnis, das jedem fühlenden Wesen immanent ist, wurde durch den Alltag und den Konsum fast verschüttet. In seinem Verlust erfährt nun der Mensch wieder eine der wesentlichsten Kräfte des Lebens. Und indem der Mensch innerlich nach Freiheit und Leben schreit, öffnet er sein Herz dafür. Nur so kann er vielleicht verstehen, was die Lebenskraft Gaias seit Jahrtausenden erdulden musste. Die Urkraft des Lebens auf der Erde sind die Kräfte der Drachen. Setze die Steine und befreie sie, befreie die Drachen! Mit jedem geöffneten Drachenportal wird die Urkraft Gaias mehr und mehr ins Land strömen und die Natur, die Pflanzen, Tiere, die Erde und letztlich auch den Menschen befreien. Die Erde braucht den Menschen nicht für diesen Prozess, aber sie hätte ihn ***so gerne dabei***!

Ich fühlte mich in diesem Moment sehr frei. Ich fühlte die Kraft Gaias, die durch die Drachen als Boten der Erde ins Land strömte, als eine mächtige Stille, die das Land um mich durchdrang. So stand ich noch eine Weile und wurde auch zu verschiedenen Naturplätzen gezogen, in denen ich das Funkeln des Lebens entdecken durfte. Eine mächtige Erfahrung!

Wandelzeit – Der Traum der Schlangen

Wir befinden uns mitten in der Umbruchssituation der Wandelzeit, die die Erde, die Gesellschaft und letztlich auch unsere Wirklichkeit grundlegend verwandeln werden. In diesem auch für mich oftmals nicht einfach zu verdauenden Prozess richtete ich mich immer wieder, auch beim Schlafengehen, auf die jeweils aktuelle Situation der Wandlungskraft aus. In der Nacht vom 17. auf den 18.11.2020 hatte ich einen kurzen, jedoch gefühlt sehr bedeutsamen Traum:

Ich bewege mich mit einer Gruppe durch die Natur. Wir bilden einen Kreis, um uns auszutauschen. Da bemerke ich, dass mitten in unserem Kreis eine Form, die ich zunächst für einen Stock gehalten hatte, in Wirklichkeit eine Schlange ist. Kaum habe ich das verinnerlicht, richtet sie sich auf!

Ich sehe genauer hin und wiederum bemerke ich, dass die Schlange gar nicht eine ist, sondern zwei, die sich wie die Caduceus – der Schlangenstab des Hermes-Merkur – umwinden. So stehen die beiden Schlangen sich umwindend aufrecht, wie in einer Paarung.

Noch fasziniert von diesem Schauspiel bemerke ich plötzlich, dass sich auch an anderen Orten in unserem Kreis zwischen dem Gras und den herumliegenden Stöckchen Schlangen befinden. Ich kann sie kaum zählen! Sind es 10? 20? Noch mehr? Dort, wo wir eben noch standen und uns bewegten, um den Gruppenkreis zu bilden, befinden sich überall Schlangen! Wie war es uns gelungen, uns hier zu bewegen, ohne auf eine Schlange zu treten?

Wir wagen kaum, uns uns zu bewegen. Allerdings ist es nicht Angst, sondern eher ehrfürchtige Scheu, die uns in Starre verharren lässt, um das wundersame Schauspiel zu betrachten.

Die Deutung

Der Kreis

Die Gruppe bildet einen Kreis, die Menschheit bildet eine Einheit und erschafft dadurch eine Art Schutzkreis, die die Magie lebendig werden lässt. Die Menschen bilden sozusagen die Basis oder vielmehr buchstäblich den Rahmen, innerhalb dessen sich eine Wandlung vollzieht. Der Kreis wurde über den ganzen Traum nicht aufgelöst, nicht aus Unachtsamkeit, nicht aus Erstaunen oder gar Angst.

Die Schlange

Die Schlange ist, wie bereits mehrfach in diesem Buch beschrieben, ein Tier der Erde. Sie ist ein Symbol der Weisheit (griechisch Drako, soviel wie das »alles sehende, alles wissende Tier«). Python, die Tochter der Gaia, war allwissend. So steht die Schlange für die Bewusstseinskraft der Erde. Lateinisch Vipera leitet sich ab von vivi par, das Leben gebärend. Die Schlange ist hier ein Symbol der Lebenskraft selbst, der Fähigkeit Gaias, Leben zu erschaffen.

Die Aufrichtung

Die Schlange, zuerst verborgen in der Materie (einem unscheinbaren Stock), wird sichtbar, erhebt sich und richtet sich auf. Wie die ägyptische Uräusschlange ist dies ein Symbol des Ursprungs und der daraus hervorgehenden Bewusstseinsentwicklung. Tote Materie wird im schutzgebenden Kreis der Menschen zu einer Entwicklung des Bewusstseins, zu einer symbolischen Verbindung von Himmel und Erde.

Zwei Schlangen

Die eine wird zwei. Zwei Schlangen umwinden sich. Die Caduceus oder der Hermesstab ist ein magischer Stab, den zwei Schlangen umwinden. Er hatte die Kraft, das Bewusstsein zu transformieren. Die polare Kraft der beiden Schlangen wurde weltweit zu einem Boten-, Schutz- und Friedenssymbol, ein Symbol des »friedlichen Reisens« in andere Bewusstseinsebenen. Die Polarität von Yin und Yang, der Bewusstseinskraft der Sonne und der Emotionalität des Mondes, des Geistes und der Seele, des Dies- und des Jenseitigen, verbindet sich zu einer sich aufrichtenden, Himmel und Erde verbindenden Kraft.

Dieses Traumbild ist ein starkes Symbol der Verbindung von Gegensätzen und der daraus entspringenden heilenden und bewusstseinsverändernden Kraft!

Viele Schlangen

Erst nach der Aufrichtung der zwei Schlangen erheben sich überall innerhalb des Kreises weitere Schlangen. Es ist, als würden sie aus der

Vegetation entspringen, als würde die Erde selbst sich wandeln und ihre Schlangengestalt zeigen.

Das Erkennen

Der Kreis der Menschen erkennt, dass Natur und Gras und Stöckchen, auf denen er eben noch gedankenlos herumtrampelte, in Wirklichkeit Schlangen sind. Der Mensch erkennt die lebensbringende Bewusstseinskraft der Erde, die sich in der Natur verbirgt. Ehrfürchtig verharrt er und beobachtet die sich entwickelnde Erde….

Dies ist, was gerade geschieht. In der Chaotisierung und »Verschüttelung« unserer menschlichen Gesellschaft, im persönlichen Nacherleben dessen, was der Drachenkraft seit Jahrtausenden an Bindung, Fesselung und Ausnutzung entgegengebracht wird, bereitet sich etwas vor, ja aus: Die Schlangenkraft der Erde erhebt sich. Sie erhebt sich im Menschen und sie erhebt sich in der Natur. Wenn der Kipppunkt erreicht sein wird, werden wir diese sich ausbreitende Kraft der Erde unmittelbar erleben können und das Verhältnis des Menschen zur Erde wird sich dadurch unwiederbringlich verändern!

Wandelzeit – Stürmische Nächte

Ein Orkan fegte in Februar 2022 über Deutschland hinweg, und obwohl es uns in Bayern nicht so schlimm getroffen hatte wie etwa Norddeutschland, waren die Tage für mich sehr stark zu spüren und noch viel mehr die Nächte. Der Wind fegte durch mich hindurch, auch wenn ich mich im Haus aufhielt. Er durchblies mich, riss gelegentlich anscheinend Seelenanteile heraus, öffnete mich, wühlte mich auf. Ich hatte die deutliche Wahrnehmung, dass dieser Sturm mehr war als eine reine Luftbewegung. Wieder gingen mächtige Veränderungen durch das Land, die sich nur wenige Tage später im Ukraine-Konflikt manifestierten.

In diesen Zeiten war es schwer für mich, mich zu konzentrieren, und mehrmals wurde ich mitten in der Nacht wach, ohne eine Möglichkeit, wieder einzuschlafen.

Zwei Träume begleiteten die stürmischen Nächte:

Der erste Traum – Bist du wach?

Den ersten Traum hatte ich unmittelbar, bevor die erste Sturmwelle uns traf. Ich träumte, dass ich schlief. Da hörte ich eine klare Stimme fragen: »Bist du wach?« Es war in etwa so, als wäre ich bei einem Film eingedöst und im Halbschlaf würde ich die fragende Stimme hören. Darum grunzte ich zum Zeichen, dass ich – irgendwie – wach sei… und von diesem gegrunzten Brummeln, das ich wohl tatsächlich geäußert habe, wachte ich auf.

Es war etwa 3:00 Uhr nachts. Was ich auch versuchte, an Schlaf war nicht mehr zu denken. So arbeitete ich etwa zwei Stunden, um dann doch noch etwa eine Stunde schlafen zu können. Der Tag war dementsprechend schwierig. Ich spürte die fehlenden Schlafstunden, und der Wind rüttelte in mir.

Um den Kreislauf irgendwie in Schwung zu bringen, entschloss ich mich zu einem Spaziergang. In mir hallte es immer noch nach: »Bist du wach?« Ich flüsterte die Worte mir selbst zu, und schlagartig öffnete sich ein sehr heller, weiter Raum um mich. Die Helligkeit durchströmte mich, und der Raum um mich war von Klarheit erfüllt. Ich spürte irgendwie die Präsenz lichter Wesen um mich herum. Nach wenigen Minuten verblasste die Erfahrung. Doch kaum hatte ich mir innerlich wieder zugeflüstert: »Bist du wach?« öffnete sich der klare Raum erneut – und das tut er bis heute, wenn ich mich das frage.

Und ich frage es mich tatsächlich: Bin ich *wirklich* wach? Aufzuwachen ist ja ein Schlachtruf dieser Tage geworden, und gerade deshalb muss ich die sich mir erschließende Frage verneinen. Nein, ich bin noch nicht wach, nicht in diesem Sinne, den ich für wenige Augenblicke spüre, wenn ich mir dieser Frage stelle: nicht dauerhaft und nicht in dieser Intensität, aber der Sturm und die Frage führen mich mehr und mehr dahin.

Der zweite Traum – Der Schlangenbiss

Nach der stürmischen Hauptwelle nun hatte ich eine weitere Sturmnacht hinter mir – wirklich sehr anstrengend! Ich träumte von einer Gärtnerei, in der ich tätig war. Da machte eine Nachricht die Runde: Eine Klapperschlange sei irgendwo in der Gärtnerei gesichtet worden!

So machen wir uns alle vorsichtig auf die Suche. Da sehe ich sie zwischen kleinen Topfpflanzen am Boden kriechen. Ich greife völlig frei von Angst nach ihr. Sie windet sich in meinen Händen. Sie sieht aber nicht aus wie eine Klapperschlange, sondern wie eine braune Kreuzotter mit dem charakteristischen Zickzackband auf dem Rücken.

Da reißt die Schlange ihr Maul auf und beißt mich zwischen Zeigefinger und Daumen der linken Hand. Ich erwache.

Die Bedeutung der Schlange als Symbol der Lebens- und Bewusstseinskraft der Erde wurde in diesem Buch ja ausgiebig beschrieben. Im Traum bin ich völlig angstfrei. Das ist insofern interessant, weil – wie in dem Kapitel Die Schlangenkraft als Weg der Heilung beschrieben – gerade das Gift der Klapperschlange (Crotalus horridus) und der Kreuzotter (Vipera berus) homöopathisch gegen die Ängste dieser Zeit verabreicht werden können. Die Verschmelzung beider Schlangenarten wird im Traum offensichtlich: Ich suche eine Klapperschlange und finde eine Kreuzotter – und bin dabei völlig angstfrei (obwohl ich in der Realität sicherlich eine Scheißangst hätte, eine Kreuzotter einfach so zu packen!). Die Ängste haben sich offenbar gelöst. Doch da beißt mich die Schlange in die linke Hand.

Hände sind unsere wichtigsten Verbindungen zur Außenwelt. Durch sie sind wir handlungsfähig. Durch die Hände erfassen wir die Wirklichkeit und begreifen sie. (»Bist du wach?«) Ich habe die Schlange, die Bewusstseinskraft der Erde, ergriffen und vielleicht begriffen, ich habe mich von den Ängsten gelöst, da erfolgt der Biss in die linke Hand. Die Linke steht eher für die unbewusste, die fühlende Seite, die Seite des Herzens, während die Rechte eher die Verstandesseite ausdrückt.

Der Biss erfolgt genau zwischen Zeigefinger und Daumen. Dieser Bereich ist in der Taiji-Tradition als »Tigermaul« bekannt, in der Akupunktur als hegu (»Vereinte Täler« – D4). Die Schlange hat mich mit ihrem Biss sozusagen akupunktiert. Der Punkt liegt auf dem Dickdarmmeridian. Seine Stimulation löst die Blockaden im Leitsystem und das »angeborene Qi« – die Lebenskraft – wird mobilisiert und gekräftigt. Die Akupunktur löst vor allem Windenergie (feng), wird bei Erkältungssymptomen genutzt, löst Spannungen und Schmerzen und beruhigt Ängste. Wie deutlich musste der Traum noch werden? Welch ein bedeutsamer Zusammenhang! Mobilisierung der Lebenskraft – Lösung energetischer Blockaden – Lösung von Spannungen und Ängsten – bei Erkältungssymptomen…

Ich nehme den »Biss« dankbar an, massiere in kreisenden Bewegungen die Bissstelle und frage mich: »Bist du wach?«

Ja, der Sturm löste die Ängste weiter. Er wird das Erwachen fördern und uns weiter mit dem Bewusstsein der Erde verbinden.

Probiere die beiden Techniken aus: Massiere den *hegu*-Punkt und frage dich: »Bist du wach?«

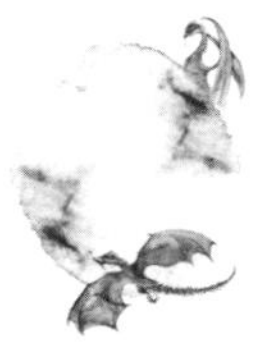

Erwecke den Drachen in dir!

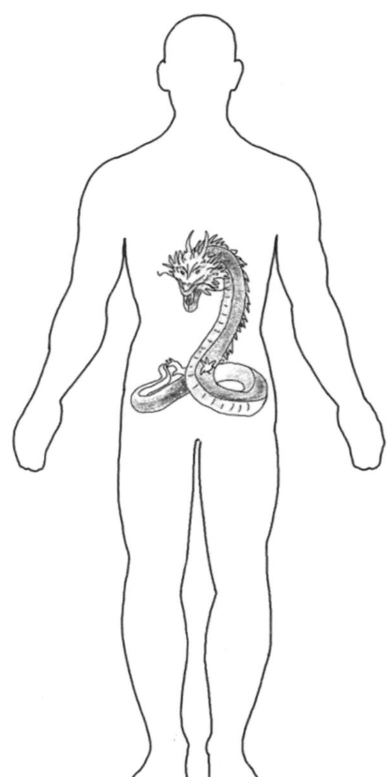

Abb. 23: Der Drache in dir

Der Drache ist ein Symbol der Urkraft – in uns und in der Erde. Er verbindet die vier Elemente in sich und wird so selbst zur *Quinta Essentia*, zum fünften Element. Er ist die Lebenskraft schlechthin, der Atem Gaias.

Mit folgender körperenergetischen Übung kannst du dir deiner Drachenkraft bewusstwerden und diese erwecken und stärken. Die aktuellen geomantischen Erdveränderungen zeigen, dass die Drachenkraft der Erde sich mehr und mehr aus ihren Fesseln befreit, in die sie seit Jahrtausenden gezwängt wurde. Dies bereitet dich vor und unterstützt gleichzeitig den Prozess.

Übung:

Vorbereitung

- Setze dich aufrecht hin oder stelle dich hin.
- Die Fußsohlen berühren entspannt den Boden.

Die Mitte und die Verbindung zur Erde

- Gehe in deine eigene Mitte. Die eigene Mitte ist jener Raum in dir, in dem du ganz bei dir selbst, ganz authentisch bist. Befreie dich von Kopfkonzepten, wo diese Mitte zu sein hat.
- Suche diese Mitte
- Es mag der Bauchraum sein oder der Brustraum.
- Lass dir Zeit.
- Stell dir dann vor, wie sich aus dieser deiner Mitte eine Verbindung zur Erdenmitte hin aufbaut. Vielleicht ist es ein Lichtstrahl, der deine Mitte und die Mitte der Erde verbindet.
- Baue auf diese Weise einen Kanal zwischen dir und der Erde auf.

Das aufsteigende Seelenwasser

- Nun visualisiere, wie in diesem Kanal das Seelenwasser der Erde aufsteigt.
- Fühle, wie sich mit jedem Atemzug dein Körper mehr und mehr mit dem Seelenwasser der Erde anfüllt.
- Spüre wie deine Mitte das Seelenwasser der Erde aufnimmt.
- Wie ein Schwamm füllt sich deine Mitte mit dem Seelenwasser Gaias an und wird davon gesättigt.
- Lass weiter von unten das Seelenwasser der Erde aufsteigen, bis du und v.a. deine Mitte ganz vom Seelenwasser gesättigt sind.

Der Drache

- Nun spüre in deinen Unterbauch, deinen Beckenbereich, hinein.
- Visualisiere dort einen schlafenden, eingerollten Drachen.
- Nun gib das Seelenwasser, das du in deiner Mitte bewahrt hast, langsam frei.

- Visualisiere einen feinen Regen aus deiner Mitte auf den Drachen, der an ihm herabrinnt.
- Visualisiere, wie das Seelenwasser der Erde den Drachen benetzt.
- Fühle, wie nun auch der Drache von dem Seelenwasser gesättigt und gereinigt wird.
- Sieh, wie der Drache kräftiger wird und langsam, ganz langsam erwacht.
- Visualisiere, wie er sich regt und bewegt, wie er sich langsam in dir ausdehnt.
- Langsam, ganz langsam, richtet sich der Drache in dir auf.
- Der Drache berührt deinen Solar Plexus und nimmt schließlich auch den Brustraum ein.
- Spüre wie die Kraft des Drachen deine Wirbelsäule nach oben steigt.
- Der Drache wächst und dehnt sich aus bis seine Präsenz dich ganz erfüllt.

Der erwachte Drache

- Spüre nun, wie deine Zellen die Drachenkraft aufnehmen.
- Fühle, wie sich dein Körper anfühlt. Wie verändert sich die Wahrnehmung durch die Präsenz des Drachen?
- Spüre die Energie des Drachens in dir.

Wiederhole diese Übung mindestens einmal täglich.

Bildnachweis

Textabbildungen:
1, 3, 4: Fotolia
2: zebra0209/shutterstock.com
4: Hermes, 5, 7, 9, 12, 13a/1 historisch: gemeinfrei
6: Shanshan0312/shutterstock
8, 13a/2, 13b, 14, 15, 16, 18, 20, 21, 22: Stefan Brönnle
10a: Tangopaso/wikipedia. Gemeinfrei
10b Sibylle Krähenbühl
11, 23: Arson Krähenbühl
17: Thinkstock
19: Leif Brönnle

Vignetten:
S. 9, 25: Furqan248/shutterstock.com
26, 46: ArtoPhotoDesigno Studio/shutterstock.com
47, 55: Drache der walisischen Flagge. Gemeinfrei.
56, 79: Insima/dreamstime.com
80, 105, 106, 108: ArtCreationsDesignPhoto/shutterstock.com

Über den Autor

Als gelernter Landschaftsplaner und Landschaftsökologe ist Stefan Brönnle seit 1993 als Geomant in der Innen- und Außenraumberatung und -gestaltung tätig. Dabei ist ihm nicht nur die Einbeziehung der Physikalischen Radiästhesie ein Anliegen, sondern um vieles mehr die konkrete Seelenbeziehung von Mensch und Ort, die durch rituelle Maßnahmen ebenso getragen, wie durch Gestaltungen mit der energetischen Kraft der Steine (Lithoenergetik), des Wassers (Hydroenergetik) und der Pflanzen (Phytoenergetik) geformt wird. Dieses umfangreiche Wissen gibt er in seinen Schulungen und seinen Büchern gerne weiter.

Werdegang:

- Studium des Landespflege (Landschaftsökologie) an der TU München
- Ausbildung in Qi Gong, Taijiquan, Radiästhesie, Technical Remote Viewing (TRV), Focusing, sowie verschiedenen Wahrnehmungstechniken.
- Mitbegründer von HAGIA CHORA - Schule für Geomantie und Inana - Schule für Geomantie, seit 1994 tätig als Ausbildungsleiter und Dozent
- U. a. Lehrauftrag an der Hochschule Weihenstephan-Triesdorf
- Leiter des Büros für geomantische Planung (Geomantische Haus- und Gartengestaltung; Geomantische Stadt- und Landschaftsplanung)

Weitere Bücher von Stefan Brönnle bei Neue Erde

Die Kraft des Ortes
Die Energien der Erde erspüren, erkennen und nutzen
Paperback, 160 Seiten
ISBN 978-3-89060-540-1

Der Paradiesgarten
Gärten der Kraft planen und gestalten
Paperback, 208 Seiten, mit vielen Abbildungen
ISBN 978-3-89060-556-2

Das Haus als Spiegel der Seele
Wie wir durch Änderungen in unserem Wohnumfeld unsere Seele heilen
Paperback, 144 Seiten, zahlreiche Abbildungen
ISBN 978-3-89060-254-7

Grenzenlose Sinne
Intuition – Empathie – Hellsehen
Das Grundlagen- und Arbeitsbuch zur Fernwahrnehmung
Paperback, 144 Seiten
ISBN 978-3-89060-269-1

Märchen
Mythologische Brücke zu einem neuen Erdbewusstsein
Paperback, 128 Seiten
ISBN 978-3-89060-741-2

Geistige Wesen
Engel, Elementale und das Ätherische
Paperback, 176 Seiten
ISBN 978-3-89060-601-9

Heiliger Raum
Sakrale Architektur und die Schaffung »Heiliger Räume« heute
Paperback, 208 Seiten
ISBN 978-89060-544-9